U0030822

計程人生

23段用愛跳表的旅程

李瓊淑、詹云茜——著

社會各界專業人士一致熱誠推薦（依姓氏筆畫排列）

計程車司機雖是台灣社會中的小螺絲釘，但一個個激勵人心的真實故事，將發揮無限的正面能量。每天穿梭大街小巷的計程車司機們不再渺小，而是為社會帶來滿滿溫暖與幸福的關鍵大人物。

台灣大車隊集團董事長　林村田

計程車運將是許多人經常接觸，卻不太有機會深入了解的一群人。本書增加了我們對他們的認識，也知道了其中有些人默默行善的點點滴滴。

本書作者之一的李瓊淑，是政治大學企業家班、EMBA、DBA的傑出校友，在我認識她的八年裡，她所服務的台灣大車隊不斷進步蛻變，自己也在學校持續進修。她對事業充滿熱情，對司機同仁也充滿愛心。這本書正是她的熱情和愛心所展現出來的一小部分。

政治大學名譽講座教授　司徒達賢

「不然要不要去開計程車」，這是許多計程車駕駛投入這個行業的共同緣起。許多偶遇，看似平凡的計程車駕駛，其實背後都有一段不平凡的故事。

本書分享的故事人物入行大多是為了家庭生計，後來交到同行益友，懂得彼此惕勵，相互扶助關愛，進而集合群體力量，創造屬於計程車駕駛獨有的價值與貢獻，令人耳目一新。

台中捷運公司董事長　林志盈

鮮少人了解計程車產業、關心司機用一輛車養全家的辛勞！作者以十多年產業經驗，生動描繪二十三位計程車司機的人生際遇；書中充滿溫馨、感人、陽光的故事。喚起社會理解司機生活的甘苦，省思生活中永遠保持正面能量的重要！值得讀者品味擁有！讀完此書，別忘了搭車後向司機說聲謝謝！

台灣大車隊集團營運長　周恆倫

司機大哥們在多年的行車人生中，所凝結的人生智慧、處世哲學，坐在計程車後座的我們，也許因為趕行程、講電話而沒有機會聆聽與認識。透過本書我們能看見這些為子女奔波、為愛情守候的身影，如此真誠，如此動人。

政治大學科智所教授兼商學院副院長　邱奕嘉

本書二十三位司機的故事呼應了管理學者提出的「工作形塑」理論。雖然開車是一份微不足道的「職業」，但每一位運將都將其視為一份「事業」，全心投入並進而產生助人的意義感，昇華為一份「志業」，在大街小巷中發揮著不為人知的影響力，成為社會的良善力量。

逢甲大學特聘教授／社團法人台灣計程車學院協會理事長　侯勝宗

由台灣大車隊李瓊淑副董事長與詹云茜小姐合著的新書《計程人生：23段用愛跳表的旅程》，是一本從千萬運轉方向盤因緣裡，精選出二十三位計程車司機溫馨的小故事。有歡笑、有淚水，「初念淺，轉念深」，經由「小辣椒」瓊淑副董體悟，娓娓道來小人物面對生活的挑戰，奮發向上的意志暨傳統產業轉型提升的歷程。「一花一世界，一葉一菩提」，這是一本暖心的書，有幸參與其中分享甜、酸、苦、辣，並樂為之推薦。

台灣大車隊集團首席顧問　陳烯堅

計程車是台灣重要的民間社會安全網，乘載數十年來無數經濟變故、產業變遷或景氣蕭條下轉業困難的經濟弱勢者及家庭，在退無可退的情況下還能跑車安身養家，穩定劇烈變遷下的台灣社會。近十萬名的計程車司機來自各社會階層，大老闆、身障者、兼職零工者、疏離的邊緣人等等，他們是社會的縮影，他們的故事就是台灣的故事，值得我們一起品味體驗！

本書作者李瓊淑是台灣計程車產業發展的看板人物之一，她從高中畢業的會計小妹奮鬥到上市櫃公司副董事長，還即將取得博士學位，本身就是一個精彩絕倫的故事，由她將司機們的故事躍然紙上，精彩加乘值得讀者一起來體會人生酸甜！

台灣運輸業移動科技派遣平台協會祕書長　曾弘義

這些帶來豐沛人生啟發的故事，每天都發生在我們的身邊——計程車上。邊看邊隨著計程車司機主角心情起伏時，不要忘了，這是何等的幸運，我們不需要親身經歷那麼多的試煉，就能學會那麼多人生的課題。

李奧貝納集團執行長暨大中華區總裁　黃麗燕

利用「分類」或「標籤化」來認知與理解所遇到的事物，這是人類大腦經過長時間演化結果。這樣的優點是降低處理資料的負擔與提高處理資訊的速度。不過這樣的機制也有壞處，有時候會過度簡化，或落入以偏概全。

你給計程車司機們的標籤是什麼？你對曾經搭過車的計程車司機有什麼印象嗎？這本書的二十三個人生故事將帶給你不同的視角。其實每一趟計程車的旅程不只有起點與目的地，還有陪伴在你左前方那個「背影」的故事。

台灣大車隊集團總經理　楊榮輝

印度詩人泰戈爾有一首詩寫到「露珠對湖水說：你是荷葉下的大露珠，我是荷葉上的小露珠。」一本書作者帶我們從不同的視角，領略那份來自小黃車窗內所蘊涵的豐富生命力與自在的豁達。相信讀過此書的人，再次搭上小黃時一定可以心領神會地感受到更多車窗外的美好風景。

全球快遞股份有限公司總經理　劉金維

〈專文推薦〉

為社會創造溫暖與幸福的關鍵人物

林村田

台灣的計程車業，過去一直是提供社會弱勢與經濟底層希望的重要產業，「計程車司機是台灣男人的最後一個職業」，講的就是這件事。

我出身自雲林台西農家子弟，真正經歷貧窮與身處底層社會的壓力，因此特別能深切感受計程車司機們的無奈與辛苦，確實很多人因為經商失敗、裁員失業、家庭因素或開銷壓力等種種原因，迫於現實而開始從事計程車司機這個職業，而計程車產業也等於承擔了一部分的責任，協助政府及社福機構解決許多社會問題。對我來說，能有機會經營一家品牌計程車隊，和司機們一起打拚，甚至帶領他們一起轉型、升級與成長，讓計程車司機們也能穿起襯衫、打著領帶與套上皮鞋，擺脫大眾對計程車司機的傳統刻板印象，一同促進服務品質與乘車體驗的提升，讓計程車成為一個值得信賴的專業服務行業，扭轉社會觀感、提高社會地位，這種由谷底翻身的過程，其實也是我人生打拚過程的縮影，經營計程車業於我而言，別具意義！

「最難過的往往都是自己那一關，看你用什麼心態去面對……。」計程車司機康大哥如此分享自己面對挫折的經歷，短短一句話卻充滿哲理。有時候貧窮生活、悲慘命運等可歸咎於一種心理狀態，經濟上的窮困，是種物質需求被受限的感受，然而內心若一直處在自我懷疑、放棄改變等負面情緒當中，便會讓自己陷入真正的牢籠，所以人再怎麼窮，心也絕對不能窮。

「不要從別人的眼睛看自己，要從自己的內心看自己」，計程車司機健智大哥這一句話格外發人深省，唯有懷抱希望與相信自己，並實際付出應有的努力，才能替自己創造翻轉的機會，事情的發展可能受外在環境影響，但命運的結果更多取決於內心。

「雖然沒有很大的能力，但凡事用盡全力！」這是計程車司機獻文大哥用方向盤，運轉出美麗人生的祕訣及座右銘。獲得幸福的第一步便是學會知足，懂得知足之後，若能將這股幸福力量，藉由幫助更有需要的人散播出去，不只貢獻社會，也替自己創造真正的富足與快樂。

我和作者台灣大車隊集團副董事長李瓊淑已是長年的工作好夥伴，一路走來她總是用心和運將們交流，希望挖掘專屬計程車司機們的動人故事。透過這本書，帶我們看到了計程車司機們無人關注的另一面，他們雖是台灣社會中的小螺絲釘，但一個個激勵人心的真實故事，將發揮無限的正面能量，相信能為許多碰到挫折或困難的人們，撫平傷痛及帶來希望；同時，更讓這些每天穿梭大街小巷的計程車司機們不再渺小，而是為台灣社會帶來滿滿溫暖與幸福的關鍵大人物。

（本文作者為台灣大車隊集團董事長）

〈專文推薦〉

英雄的背影

邱奕嘉

計程車產業看似一個非常傳統的產業——依乘客需求計程收費，收入多寡取決於天候、節慶和運氣。但台灣大車隊，這家台灣最大的計程車隊公司，卻率先導入衛星派遣、APP、AI大數據分析、行動支付等新興科技，將一個原本不太亮眼、遑論創新的產業，經營成類似時下最流行的高科技公司。利用平台生態系的經營模式，台灣大車隊積極開發以司機和乘客為主的多環生態系，發展至今，它已成為一個橫跨廣告、維修、快遞、生活服務等事業的平台，而計程車派遣的收入，在二〇一九年，僅占整體營收的三十五%。

當五五六八八成為順口溜，台灣大車隊成為計程車的第一品牌之後，大家都聚焦在其經營策略、商業模式或新興科技運用，試圖拆解它的成功密碼，成為自家產業的發展利器。殊不知，整個集團的關鍵角色，支撐集團平台生態系成長的核心，是二萬多名的司機大哥。透過這群為數眾多的司機，公司便能有規模的優勢，爭取團購福利品；而每位司機的車輛更是廣告的新平台，除了廣告收入，還可以藉此與廣告主交換商品，換取更低廉的團購福利品；更不用說其間所衍生的車輛保修、購買等相關事業。司機大哥是集團的起點，也是集團的命脈。

但是，計程車產業進入的門檻並不高，可以個人營運，不一定要靠行，台灣大車隊如何讓這群司機心甘情願成為集團的一分子，共利是現實面的誘因，而共榮則是情感面的需求。

台灣大車隊顛覆了一般人對計程車司機的觀感。過去，這個向來被稱為「男人最後一個職業」的行業，普遍不受社會大眾重視，在台灣大車隊興起前，一般人對司機大哥的刻板印象，都是吃檳榔、服儀不整……，台灣大車隊率先導入服務品質的管理，要求司機穿制服和打領帶，注重車內清潔，慢慢改變一般人對計程車司機的負面評價，也讓司機大哥們贏得職業的尊重。

除了訂定規章，以打造優質服務和塑造品牌形象之外，台灣大車隊試圖貼近司機大哥的生活版圖，和他們站在同一陣線，一起擺脫命運的狂潮、一起走出生命的幽谷、一起創造第二人生。這本《計程人生》結集了二十三個計程車司機的故事，有些故事是一首曲折起伏的生命之歌——罹患罕見疾病或遭遇工傷的身障司機，一邊行車，一邊展示著生命的堅韌；負債累累的媽媽，用開車所累積的新價值取代悲慘的過去。當然也有深藏不露的斜槓司機——用日語為乘客導覽的、搭車免費聽尺八演奏的、快遞藝人跑通告的……。這是司機大哥們在多年的行車人生中，所凝結的人生智慧、處世哲學，而坐在計程車後座的我們，也許因為趕行程、講電話而沒有機會聆聽與認識，透過本書作者李瓊淑、詹云茜女士的採訪與記錄，我們也能看見這些為子女奔波、為愛情守候的身影，如此真誠、如此動人。

本書作者李瓊淑女士曾經擔任台灣大車隊總經理一職，現為副董事長。她是一位樂於學習、自我提升的人，一路從政大企家班、ＥＭＢＡ，到現在就讀本校ＤＢＡ博士班學程。當她提到撰寫本書的動機時，我感受到她對員工的關懷與熱情，即使身為集團的高階主管，肩負著績效的重責大任。人，永遠是她心目中的第一順位。

（本文作者現為政治大學科智所教授兼商學院副院長）

〈專文推薦〉

敬努力握住自己人生方向盤的運將們

侯勝宗

個人投入計程車產業和運將研究已有十八年了，本書的出現補足我心中長期來的一片重要拼圖——司機生命故事。

計程車過去是一個十分傳統的產業，但未來卻充滿無限想像。二十多年前因為全球定位科技被軍方釋出商業化應用後，讓這個移動產業有了翻天覆地的改變。其中，台灣大車隊是從傳統運輸轉型成為移動服務的代表典範，它也是我學術生涯中十分重要的一個研究個案。隨著這家公司的成長與創新，我也用筆記錄並見證了台灣計程車產業的服務創新與華麗轉身。近十年來因為手機上網與科技平台的出現，以 Uber 為首的網約車平台，藉由APP簡捷服務與金流綁定廣受消費者的歡迎，如今多元化計程車滿街都是，小黃已不再是計程車的唯一顏色了。曾幾何時，計程車成為一門熱門的好生意，連 Toyota 車廠也號召旗下車主成立和泰移動車隊，準備大舉進軍市場。

我常戲稱司機是一群「握不住人生方向盤的隱形人」，坐在後座的乘客，看到的都是司機的背影。計程車從民國初期的黃包車到今日的網約車，共經歷了三階段的科技創新，它們分別是Taxi 1.0的無線電叫車，Taxi 2.0的衛星派遣叫車，與Taxi 3.0的APP叫車。回顧過往數十年來的計程車產業發展，每一次的科技創新都讓業者重新洗牌一次。然而每一次的競爭版圖大搬風，雖然造福了消費者與勝出的車隊或平台業者，然而手握方向盤的司機生計卻沒有太大的改變，仍然過著看天吃飯，被大型車隊或平台所決定的生活，奮力在新的遊戲規則中找到新的位置，否則將被科技浪潮所淘汰。

在計程車的「科技創新」洪流中，本書的二位作者則從「人文創心」下手，帶我們近距離接近司機，從運將的人生方向盤中，觀賞每一位司機的生命風景。個人因為從事計程車產業長期研究，接觸過數千位不同樣態的司機，深感司機是計程車產業生態鏈的最底層小人物，很難有發聲的機會。所以六年前與志同道合的司機共同成立了台灣計程車學院協會，投入「陪伴司機、轉化產業、共善社會」的學術倡議，希望讓更多的好司機被看見，推動計程車運將成為助人的傳愛大使。這本書恰好回應了計程車學院的核心關懷，二十三個故事篇篇令人動容，傳達了「台灣最美麗風景是人」的人文精神。

這本書的二十三位司機，藉由運轉他們的人生方向盤，活出精彩的生命意義，呼應了由美國耶魯大學艾美・瑞斯尼斯基（Amy Wrzesniewski）與密西根大學珍・達頓（Jane Dutton）二位管理學者所提出的「工作形塑」（job crafting）理論。簡單來說，工作形塑是指人們會調整工作的某些面向，以獲得更大的意義感和滿足感。一旦工作或專業擁有深遠的意義感之後，就十分有機會將職業或事業轉化為終生志業。如同本書所報導的二十三個計程人生故事，雖然開車只不過是一份微不足道的「職業」，但每一位運將都將開車視為一份「事業」，全心投入並進而產生助人的意義感，將接送客人昇華為一份「志業」，隨時在大街小巷中發揮著不為人知的影響力，成為社會的良善力量。

但這二十三位有著精彩故事的司機，究竟是如何形塑計程車工作，產生意義感呢？艾美・瑞斯尼斯基與珍・達頓提供以下三個方法做為參考，分別為：一、重新形塑工作框架；二、與人建立良好關係；三、將意義融入於工作中。從抽象的角度，任何不起眼的工作都可以藉由上述三個方法，來將職業變成事業與志業。具體的意涵有：

一、重新形塑工作框架：一份工作熟能生巧後，往往使人陷入一種反射般未經思考的機械動作。此刻，每週不妨花點時間，將工作任務用不同的角度思考，問自己：我能否找到新方法讓工作更不同且更順利？也可以每週花點時間問自己，什麼是對工作有益，同時又能帶給自己快樂的事？當然你也可以想想，自己在工作之外，有無額外想做的事，即使這些事情和你工作並無直接關係，卻能讓你心情愉快，或覺得有存在感。

二、**與人建立良好關係：**改善在工作環境中的人際關係（如：主管、同事、部屬等），更甚者還能幫助他人，也許漸漸的，工作氛圍也變得更好，這將會讓你更喜歡、更滿意自己的工作。

三、**將意義融入於工作中：**花點時間重新思考自己的工作角色，常常問問自己，你所扮演的工作角色或建立的事業有何意義（如：你的專業及事業是如何影響著其他人）？艾美・瑞斯尼斯基與珍・達頓二位學者認為如果願意把自己的工作角色或職業，連結上更崇高的目的或使命，將改變工作行為模式。

很高興好朋友瓊淑終於完成這本大作。甚願所有讀者，能從這二十三個計程人生故事中，找到自己的工作意義，轉化職業為志業，成為他人的祝福。最後，向全台灣所有穿梭於大街小巷中的計程車司機們致敬，您們辛苦了。

（本文作者為逢甲大學特聘教授／社團法人台灣計程車學院協會理事長）

〈專文推薦〉
短暫的旅程，不平凡的印記

黃麗燕

「每一個人出生的時候都是個英雄。」（引自喬瑟夫．坎伯〔Joseph Campell〕）但順遂的生活，不可能「成就」英雄，總是在人生的起起伏伏中，我們認識了自己，也認識了世界，也總是在那一次次的克服困難中，我們發現了自己的潛能，更多時候我們寫下了自己不平凡的故事，成為故事中最不可取代，也最令自己敬愛的英雄。

和作者瓊淑的認識是在她擔任台灣大車隊的總經理期間，對她一直很景仰，一個小女子怎麼可能和這些比她大上三倍、五倍，孔武有力的司機先生們在一起？而且還讓這麼多的司機先生們，能夠願意聽她說話，更能聽進她的話，一起建構一個這麼龐大的共好事業，我相信這中間有很多不足為外人道，數不清的困難與挑戰天天都在發生，每一個課題、難題和問題卻總是在瓊淑一步步的溝通、一步一步的傾聽中，化於無形，成為前進的力量。

我喜歡開車，更喜歡開快車，所以以前還曾經想過去當老闆的司機，但偏偏我記路能力零分，所以每次搭計程車時都非常佩服司機能夠記住不同路線，知道何時該開哪一條路的能力，更是讓我讚嘆不已。（尤其是台灣的司機先生工時長，要隨時保持警覺，隨機應變，還要有策略思考，知道哪些時段客人在哪裡比較多，哪裡因放學會塞車要避開，知道當地不塞車的私房小路等，甚至還有扛老人家上下樓去醫院看病的服務，那真的也只有神人才能吧。）也因此當我有機會常常飛世界不同的國家時，最喜歡的就是在搭計程車的時候能夠跟他們講上幾句話，你可以透過司機了解當地的生活狀態，他們對政府、經濟、社會的看法，他們對當地生活開心或不滿意的地方，以及他們對人生的一些觀點和看法，這些點點滴滴總是讓我認識了當地，更學習甚多人性的洞察。

記得我有一次去新加坡時，遇到一個曾經做過亞洲的媒體總監，最後因為一些變故去當司機先生，一點也都沒有違和的感覺，因為最重要的是他開心地開著車，在車上的時間並不只是賺錢，而是看到更多不同人的管道，他也跟孩子、太太、自己有了不同的相處之道，重新定義了「幸福」。

就像日本知名經營顧問小工野慶的書中，也曾經談到計程車司機教育他的人生經驗，他相遇過二千位以上的司機，等於也經歷了二千種寶貴的人生道路。也像是電影《陽光普照》裡面的台詞所說：「把握時間，掌握方向」、「人生就像開車，紅燈的時候就停一停，綠燈的時候就慢慢起步，平平穩穩慢慢地開著」。人生就是無法預期的旅途，但凡走過必有收穫。

很謝謝瓊淑讓我們對運將的生活有更多的了解，對我而言，每一個司機先生都反映了不同的人在碰到不同的挑戰、艱難與難以想像的環境中，依然有拚勁、有堅持，也因著這些艱難與困頓，激發更彰顯人性的最高價值——義氣、勇氣、相信自己、堅韌不拔、夢想、無盡的愛……，每個人生命裡的故事都成為了教材，越是不可思議的故事，越是難以想像的超越，越是艱難的挑戰，帶來越大的啟示。

謝謝瓊淑一口氣給了我們二十三個有血有淚的生命故事，而這些帶來豐沛人生啟發的故事，每天都發生在我們的身邊——計程車上。在我們邊看、邊隨著計程車司機主角心情起伏時，不要忘了，這是何等的幸運，我們不需要親身經歷那麼多的試煉，就能從其中學會那麼多人生的課題。打開這本書，每一篇文章都為我們開啟了一份份的禮物，心懷感謝。

在每次搭上計程車的同時，記得送上我們對司機先生的尊敬與感謝，在享受他們載送的服務過程中，咀嚼著這個可能一生只有一次相逢的機緣，給自己一個不同的眼光看待並珍惜這趟短短難得的旅程，你或許會驚訝，這世界是如此的多彩多姿，每一個人的故事都是如此精彩，雖然這是多少的痛苦與折磨堆疊出來，但對應的正向能量、積極、奮取，成就了一個又一個英雄，在世間留下不凡的印記。

（本文作者為李奧貝納集團執行長暨大中華區總裁）

目錄

CONTENTS

第二部 掌握方向，精彩人生 109

〈前言〉

拾回遺失的感動

李瓊淑

「不管要去哪採訪，我們都一起去！」這是我跟 Cici 討論整本書的採訪寫作規劃時，心中堅定的想法。原本 Cici 想勸退我，要我挑幾場參與即可，她知道我工作、課業行程滿檔，要安插二、三十場的採訪實屬不易，她也擔心全台北中南地跑，近來身體微恙的我會吃不消。

我拒絕了她的好意，跟她說：「我想要親自看看他們，跟他們聊聊，了解他們的故事。」我覺得如果沒有面對面，聆聽他們說話，那這些就只會是「故事」了。

許多司機大哥與大嫂看到我到訪，都十分驚訝，「小辣椒，我以為 Cici 是開玩笑的，沒想到你真的到我們家來！」、「小辣椒，我進車隊這麼久，第一次跟你一起喝咖啡欸！」過去，我在他們面前是直接解決車隊營運問題，有些權威感的小辣椒，現在的我，放下了營運的執行角色，以朋友的身分跟他們坐下來聊天，對他們與我而言，都是「很不一樣的體驗。」

三字經，是進步的動力

跟計程車司機的緣分源自林村田董事長。一九九三年我進入林董創辦的全虹通信，從小會計當到執行副總，前後十三年。當林董將全虹賣給遠傳，我也跟著離職，接著打包行囊到紐西蘭兩個月，完成年輕時出國遊學的願望。那時因為英文不好，上學不久就鬧笑話，把 photo 唸成了 potato，於是 potato 變成我那兩個月的綽號，學生生活的單純無慮，也是我這輩子難忘的快樂時光。

回國後，原本想休息一陣子，沒急著找工作，某天突然接到林董打來的電話：「你過來車隊幫我。」我沒想太多就回了「好」，可能因為這個老闆跟太久，太熟悉，我沒問頭銜，沒問薪水，一腳踏入了計程車產業。

進到公司的第一天，林董把我介紹給大家後，自己就外出了。我傻傻地站著，看著司機們來來去去，每個都很凶、很不開心，滿嘴的三字經，主管也忙得團團轉，整間公司鬧哄哄地亂成一團。很多人經過，看我一下，但沒人跟我介紹公司或工作內容，甚至該坐哪個位置。

當時的車隊位於現在客家文化園區，一樓是交通博物館，車隊在二樓的辦公室。我清楚記得上班第一天的中午，一位司機氣沖沖跑上樓，見人就罵，所有人看到他來都閃得遠遠的，只有我還搞不清楚狀況留在原地。

司機對我說：「你是啥人？」

「我新來的。」

「你們車隊辦那個什麼門號，害我要繳一萬多塊！無今馬是安怎！你若無甲我處理，我絕對找你算帳！」

一萬多元不是個小數目，雖然我被罵得莫名其妙，但其他人都跑光了，我也無人可以求助，加上這件事對通訊業出身的我來說不是難事，於是幫忙查了一下，發現是因為司機的 sim 卡之前遺失，被別人拿去盜打色情電話，才會有如此高的費用。

我立刻打給電信公司，說明被盜打的來龍去脈，對方也協助將電話費撤銷。這位司機就成了我在車隊認識的第一位大哥，也算是另類的不打不相識。

因為這件事，我著手整頓司機門號的事情。總之，我就是看到什麼，做什麼。大家看我一個個子小小的女生，又一副上班族的樣子，覺得我根本不懂計程車的生態，不了解司機的語言，加上我跟林董對司機來說算是空降部隊，剛開始時，司機和員工都對我有疑慮。

有些老司機看到我，會直接用不屑的口吻說：「啊你是啥人？」或是我請教一些老員工問題時，會直接被嗆說：「啊你是懂啥！」也常聽到有人指指點點：「這個應該三個月就不會來了。」但就像在那之前我從全虹離開，多少可以理解老班底對於外來者的感受。

所以我就是默默地做！只要司機有問題，我就認真地去解決問題，從中我也發現，其實都是些小事，司機根本沒什麼問題，問題是沒有人願意去處理。

我透過司機反應的事情中，挖掘出公司在組織運作內的問題，進而調整與改善，但改革是有陣痛的，我在車隊經歷過太多次的改革，從司機、員工到管理階層都會承受龐大的壓力。

我當時做了一件讓公司同事很震撼的事。公司每位主管都配有一組方便好記的三至五碼手機簡碼，因為簡碼群內的人網內互打免通話費，當時許多司機也辦了簡碼，我到公司不久，就把自己的簡碼給了每一位遇到的司機。

當時車隊的老幹部跟我說：「你真的是瘋子！你會被盧死，被吵死！」我笑著回：「我如果怕事，就不會來了！」或許就像司機明禮大姊形容我的：「副董都是直球對決，沒有拐彎抹角的官話。」我相信正面迎向挑戰才能解決核心問題。

那時，每天都有接不完的電話，這也是我很投入這份工作的原因，我可以幫助司機們解決問題，又有薪水可以領，還能得到他們對我的尊重，天底下哪有這麼好的事！這是我的工作，也是我在車隊存在的價值。

我覺得一件事情端看你怎麼去看它，我在車隊聽過太多三字經了，許多人覺得三字經是負面的，一聽到就避而遠之，但司機就是因為對車隊不滿意才會罵三字經，所以我會想去了解三字經的背後，他到底要表達些什麼。

這些三字經就是公司進步的動力，身為管理者更應該聆聽第一線的聲音。如果他說的事情有道理，代表公司組織內出現問題，我立即改善；但如果他說的事情不合理，我會說明他的誤解，以及我拒絕的理由。也因為我一針見血的直率作風，進公司不到三個月，我就有了「小辣椒」的稱號。

人生是很難意料的。我從沒想過，因為一個「好」，我的人生轉了個彎，從單純無慮的慵懶 potato，變成了衝勁十足的火爆小辣椒。

兩小時的正牌小黃司機

車隊過去對於司機的訓練，往往只有一開始的新人訓練，我接手後開創了每年一次的

「回訓」，主要是為了讓司機了解公司每年的主軸計畫及願景。這幾年因為司機人數增加，每年都有上百場次，須花上幾個月才跑得完。

我很堅持，不管再忙、再累都要親自參加每一場回訓，因為人與人在面對面的目光交流下，能感受到傳遞出來的溫暖。我希望讓對方知道，雖然他是幾萬名中的一名司機，但我都應該尊重他；我也會藉由每一次的回訓，從每一位努力打拚的司機身上，為自己補充能量。

我在某次回訓時，當眾宣布要去考計程車執業證照。一方面，我下定決心做一件事，就會高調讓大家都知道，使自己完全無退路，而且我是一個非常不服輸的人，我覺得自己可以一次就考過；另一方面，我身為車隊總經理，應該要跟司機一樣有證照，也可以了解考照的歷程。

我平常就開車上下班，對於開車並不陌生，但我沒想到，這張證照這麼難考！我前後花了兩年時間，一考再考，不放棄地連考九次才終於過關。司機鑽祥大哥事後描述說：「考試那天大家很緊張，聽到你終於通過了，都為你高興！」我拿到證照的當下，眼淚忍不住掉下來，讀博士班都沒那麼辛苦。

考到證照後，總應該上個路吧！於是公關安排我在白色情人節當天，化身正牌計程車司機，開著小黃上路攬客。很多人以為事先寫好了劇本，我照著走就好，但其實沒有，我很大膽地直接上路。

出發後，原本想等路邊攔車的客人，便開在路上閒晃，但一個多小時都沒有人攔車，我跟車上的攝影師正納悶時，才驚覺原來自己一直開在快車道上，怎麼可能有客人，於是趕緊換到慢車道。其實這就像人生，當你扮演不同角色時，跑道要跟著轉換，這是一個很簡單卻常被忽略的體悟。

之後我接到電召去接客，開啟了第一次跑車任務。上車的是一對八十歲的老夫妻，要去看牙醫，但因為老先生不知道地址，所以我平常慣用的導航也派不上用場，我對許多路名或地區並不熟悉，沒了導航讓我整段路程都相當緊張。老先生沿路指引，「你在前面左轉，直直開……這邊要右轉……」，老先生一說，我馬上要轉彎，在車流之間，那壓力真的很大！

那天之後，我對司機的尊敬又更上層樓，當司機著實不容易！從考照開始，到專業的開車、認路，看似一件普通的事情，但要做到專業，非常不簡單。我想起司機永漢大哥聊到令他很感動的一次載客經驗，「一位乘客跟我說：『今天坐上你的車，是我最放鬆的時候。』」以我自己兩小時不專業的經驗，如果那位乘客坐上我的車，肯定是他那天最緊張的時刻。

我開車三十多年，變身小黃司機開在路上，感受最大的不同是，「突然之間沒有了方向」。過去自己開著車，總有個目的地，朝著心中目的地的方向前進就對了，但計程車司機雖然手握方向盤，卻是沒有方向的，方向是乘客指引給他的。

雖然司機在車上沒有方向，但我希望司機下車後，能夠有屬於自己清楚明確的人生方向，這才是最重要的。

工作的價值與意義

來到車隊，我覺得自己是最大獲益者。第一個獲得就是暖心會及樂活社辦的愛心活動，只要我沒有其他重要行程，所有場次一定全程參與，我不只是為了受幫助者出席，更是為了願意「捐時間」的司機大哥大姊們。

我一直覺得公司真的很有福報，司機們都是穿著公司制服，沒有支薪，犧牲自己賺錢的時間，默默做著公益，我很佩服這群人！而這些活動也像是一堂人生的課，司機大哥大姊、特教生、家長們，來自四面八方的人，給了我不同面向的學習，每次參與都讓我獲得滿滿的能量。

來車隊第一年，認識了人生中的貴人——逢甲大學侯勝宗教授。我必須很俗氣地說，因為從小書念不多，所以我一直很羨慕有學問的人，當我看到侯教授出現時，心想，哇！有教授來找我，我認識教授欸！

由於侯教授一直以來都在研究計程車產業，包含車隊的科技化、司機的派遣系統等，所以我成了侯教授田野調查研究的一個對象。

相識多年後，侯教授的一言一行，潛移默化影響著我，於是我開始接觸學術界，並念了EMBA和博士班，找到人生的第二座山——學術研究。

侯教授在計程車產業深耕多年，成立台灣計程車學院，扭轉大眾對司機的印象，提升計程車司機的自我認同感，媒體稱他是最了解計程車司機的大學教授。過去，我工作三十幾年，都是為了賺錢養家，直到來了車隊，遇見司機和侯教授，看到他們做的每件事，我才發覺，原來自己工作的意義在這裡。

我的爸爸也是位計程車司機，從小身邊就圍繞著許多司機叔叔伯伯，我覺得計程車司機是一個職業，跟其他職業沒什麼不同。

在車隊十四年，見到無數來去的司機，聽到無數的故事，可能自己市井小民的背景，讓司機覺得沒有什麼隔閡，很快能拉近彼此的距離。也許就是這份安全感，許多司機大哥會跟我說他們的故事，或是內心深處的祕密，甚至像在告解一樣在我面前流下不輕彈的淚水。

聽過這麼多的故事，我更加認同自己的工作。人生有很多無奈，我如果可以在這段時間陪伴對方，給予溫暖，這份工作就有它的價值。這是我過去的人生經歷和職涯中，從沒有過的感受，像是找到了生命的意義，那不是指我有多偉大，而是老天爺讓我撿到了這個工作，使我看起來偉大。

也因為我了解有更多在政府補助缺口下的司機們需要幫助，所以經常思考自己還能為他們做些什麼，我想，或許可以透過我，告訴社會大眾他們的真實故事。

現在的我，卸下了執行面的總經理職務，過去我是用腦過日子，什麼事都講究效率，重視績效，現在我要用心過生活，不是不用腦，而是先把心放在前面。於是我開始將這些從心出發的想法，一一付諸實現。

小黃是我人生的導師

我是因為遇到他，才有了出書的念頭，他是五年前過世的司機——吳政大哥。

那是農曆年的前幾天，大家各自忙碌，趕著過年前將事情處理完畢。吳大哥到總機櫃檯說要找我，當時我正在一場會議中，祕書跟吳大哥說明後，他很堅決地表示：「我在這裡等她。」

等沒多久，吳大哥突然哭了起來，祕書趕緊跑進會議室找我，我覺得不對勁，放下會議，到櫃檯見吳大哥。他一看到我哭得更厲害，他說自己從台大醫院偷跑出來，前陣子發現嘴巴無法打開，去醫院做檢查，剛剛結果出來了，是口腔癌末期。

吳大哥邊哭邊說，我聽了也鼻酸起來，但工作中的我還是維持理性地問他：「大哥，但是我不是醫生，也沒辦法救你，你應該留在醫院，怎麼跑出來了？」

吳大哥緩緩地說：「我過去因為生意失敗，所以跑來開計程車，加入車隊兩年了，很謝謝車隊讓我有收入可以維持家計，但跑計程車有時候跑到很晚，就會吃檳榔提神，沒想到可能是吃檳榔的關係，讓我得了口腔癌。我很感謝車隊，但我看到車隊有很多司機吃檳榔，我希望你答應我一件事，可不可以跟他們說，叫他們戒掉檳榔，我不希望在車隊看到第二個像我這樣的人。」他說完，更是放聲大哭了起來。

聽到他這麼說，我很震撼！因為我千想萬想，都想不到他要說的是這件事，要是醫生宣布我已癌症末期，我可能腿都軟了，哪還有時間和精神跑到公司做這件事。

而且除了醫生與吳大哥自己，我是全世界第一個知道他罹癌的人，這如此重大的消息，吳大哥不是趕緊告訴家人，而是跑來找我，想要預防並阻止悲劇再次發生。

我安撫著吳大哥，說：「大哥你放心，我一定會盡力做到。」雖然車隊在初期已有禁吃檳榔的規定，但就如吳大哥說的，許多司機仍很難戒除，因此我開設了戒檳榔班，以團體力量協助司機戒除。之後也首次在車隊舉辦柔性活動「讓愛傳出去」，包括司機彼此交流溫馨故事的分享會，並透過擔任傳愛大使的司機將寫有溫暖小語的卡片，在車上贈送給乘客，將關愛傳遞給乘客及更多的人。

兩年後，吳政大哥過世，但這位人生導師教導的課題，我一輩子謹記在心。這是我一生中最難忘的事，司機們教會了我很多事，他們是我的人生導師。

過去，我偶爾跟員工或司機聊到要出書，總是因為工作行程滿檔，分身乏術。卸下總經理的職務後，出書的衝動再次出現，我想要把每一段感動記錄下來，趁我還記得，趁他們都還在的時候。人生無常，就像我記憶中的吳政大哥，我想寫，也只剩我的角度，已無從了解吳大哥內心深處的感受。

拾回遺失的感動

這段日子裡，我們採訪二十多位計程車司機，上天給了他們不同的劇本，在生命歷程中，他們用心詮釋著自己的角色。

也是在這些人生導師的映照中，我更加認識自我性格的多重面向。在工作上我就是很強勢、很驃悍，不會輸男生的；但私底下的我截然不同，在家人面前，我很內向、羞澀、不愛出風頭，像是躲在烏雲裡的月亮，隱約可見而已；但在朋友圈裡，我又是一個很頑皮、愛玩的小孩子，我也常常搞不清楚自己的性格。

生命就是有很多面向，我希望在每一個當下，盡力把自己的角色扮演好，不管是哪一個面向的我，我都會喜歡。聖嚴法師說：「面對它、接受它、處理它、放下它。」如同我們採訪的司機，他們也都默默地在自己的角色中努力著。

二十多位司機中，有的已經退休，有的仍在崗位上打拚，對我而言，每一次的採訪都意味著迎接另一段故事的感動，因此期待不已。我覺得自己很幸運，能見到故事的主人，親耳聽到他們的敘述，有些故事甚至連他們最親密的另一半都未必知道。

根據統計，一百位司機中有九十七位是男性，在這個性別比例懸殊的職場環境中，我發現許多司機大哥的背後都有一位偉大的女性。在採訪中談到情感與家庭時，每每讓我熱淚盈眶，這些女性是一股默默支撐的力量；她們如此強大，卻為了另一半而溫柔，也讓自己的男人變得溫柔。

本書描述了二十多位平凡而真實的人物，也是全台九萬二千多名計程車司機的縮影，我希望，他們每一位都能驕傲地告訴家人與孩子，自己的故事記錄在這本書中。

十幾年一路走來，許多司機的暖心是我不斷前進的動力，在資訊快速流動的時代，全球正遭逢疫情的重大衝擊，許多人逐漸忘卻正面思考與深刻感受的力量，希望藉由本書的出版，觸動讀者，找回遺失已久的感動，並時刻提醒我自己，繼續呵護這份暖心的能量。

我將捐出本書的全額版稅，讓被社會遺忘、孤苦無依或身負重病的司機，即使在難熬的時日中，能有我們的關注與陪伴。

小辣椒給讀者的話

人生就是一幕幕的場景，當你臣服於當下，就會得到平靜與喜樂。

第一部

艱困起跳，飛躍更高

01 即使獨臂也要抓住最後一根稻草

跟顧豪傑大哥約採訪的這天，恰好是新冠肺炎盛行初期，當時政府還未強制搭乘大眾交通工具要戴口罩，但宣導戴口罩的標語已開始張貼。我們見面的咖啡廳幾乎空無一人，但他仍絲毫不敢大意、緊戴著口罩，「因為我前幾天載了一位從國外回來的乘客，而且我們計程車司機接觸的人多，傳染風險也高，我怕傳染給你。」一開口，就能感受到他的細心與體貼。

「沒關係，我不介意，戴著口罩就看不到你的笑容了。」聽我這麼說，他脫下了口罩，微笑的圓臉露出嘴角小梨窩，配著一副眼鏡，我忍不住覺得，實在很像可愛的小叮噹。當他脫下外套，熟悉的車隊制服——乾淨且整熨服貼的白襯衫和藍背心——出現眼前，「我出門都穿制服，沒開車也穿，我覺得這是一種驕傲。」

然而，讓人很難不注意到的是，在白襯衫的右手袖口下，本該是右手臂的位置，卻是空蕩蕩的。

好奇害了貓

豪傑大哥小時候父母就離異了，長他七歲的哥哥跟了爸爸後，住在另一家育幼院；他也在不記得事的年紀，被媽媽送到忠義育幼院。記憶中爸爸只來看過他一次，與哥哥曾在聯合育幼院活動中相遇過，但由於從小分開，彼此也沒有情感的連結。

媽媽倒是常到院裡看他，曾經有一次，他問媽媽：「為什麼你不帶我走？」媽媽沒有回答。「我那時心裡想，你沒本事養我，就不要生下我！」自此之後，他不再問這個問題，媽媽對他來說，就是一個把他生下來、有血緣關係的陌生人罷了。

育幼院裡分成三個家庭，每個家庭都有十來個幼稚園、國小和國中的孩子，彼此互相扶持，大的要負責照顧小的。年紀小的孩子常會問年紀大的孩子：「為什麼爸爸媽媽不要我？為什麼我不能回家？」豪傑大哥都會告訴他們：「沒關係啊！等你長大賺錢就可以養活你自己，不需要依靠誰。」

豪傑大哥之所以只剩一隻手臂，是因為他小時候調皮又好奇。七歲的某天，大夥在吃飯時，他自己偷偷爬上四樓陽台，跪在鐵欄杆上，左手抓著鐵欄杆，右手拿著鐵絲往外勾高壓電線，瞬間引發「碰！」的超大電擊聲響，他立刻彈進了屋內，全身灼熱地在地上打滾。

育幼院的老師們趕緊叫救護車送他到醫院，到院時組織都已燒焦壞死，只能鋸掉右手臂，保留了肩關節及約二十公分的上手臂。之後他被送往當時專治殘障兒童的振興醫院，進行後續治療及復健。後來，醫生將他的大腿及背部皮膚移植到他的右手上臂。豪傑大哥一邊指著明顯較左手臂圍小了一半的右手上臂，一邊說：「這裡的皮膚都是移植過來的。」那明顯較其他部位嬌嫩的皮膚，完整包覆著骨頭，末端呈現橢圓型。

在醫院住了一年，每天除了治療之外就是復健，在他塵封心底、不願回想的這段日子裡，總是一個人待在醫院，媽媽似乎去看過他幾次，「我常常想，為什麼不乾脆電死算了。即使是現在，當我遇到很大的挫折或困難時，偶爾也會有一瞬間閃過一個念頭，如果那時候我走了，就不用經歷這個社會或生活上辛苦不平的事情了。」說到這，他臉上的笑容早已收起，看著他的雙眼，我彷彿看見當年那個內心絕望的小男孩。

我問他復健的情況，他談起自己學習穿戴並使用人工義肢的過程。因為移植的皮膚較為脆弱，穿戴義肢時容易痛，加上夏天流汗，皮膚也會黏在義肢上不好穿脫，所以要先穿絲襪後再穿上義肢，這也讓動不動就流汗的他常起疹子，相當不舒服。

一副義肢三到五年就需要更換，但一隻功能手——有末端可動組織，如手腕、手指或如虎克船長的手勾——要價七、八萬元，當年的製作材質沒有現在細緻，約有五公斤重，還需要左手拉線一起操作；而即使僅是美觀手——只有手肘關節的假手——也要價四、五萬元。對於豪傑大哥來說，這樣的經濟負擔實在太大，況且義肢戴起來又不舒服，因此高中畢業後他就沒再戴過義肢，「我已經習慣自己的外表，就不會去戴那個。」

出院後回到育幼院，雖然常常發生被同儕霸凌、欺負，或是因為他只有一隻手就不跟他交朋友的事情，「但因為是年紀很小就發生了，不覺得有什麼不能適應，一隻手就一隻手，我覺得自己已經很能夠面對這件事。」聽他這麼說，讓我想起他入座時很自然脫下外套的那一幕。

他在育幼院裡一直待到國中畢業，也就是到了收容的最大年紀才離開。未成年又沒地方可去，加上只有一隻手，無法打工自立，所以由媽媽帶回，兩人住在台北萬華區環南市場旁的七坪小套房裡。不得已接受這樣安排的他，也一邊讀高中，一邊試圖找些小零工，讓自己能盡快開始自主生活。

自立自強的獨臂生活

高中畢業後，豪傑大哥的第一份工作是到製藥廠擔任總務，也在這時期學會開車。第一次幫老闆開車那天剛好是公司尾牙，老闆因為喝了點酒，所以請他開車。開在高速公路上沒有太大問題，停車就沒那麼容易了，因為剛學車，加上只有一隻手，停車的時候要抓好方向盤轉換的速度，還要量測車身距離等，幾次幫老闆開車都在停車時撞到，老闆後來就不敢讓他開車了。「所以我現在停車都很注意，停好了還會習慣下去再看一下。」

後來，因為學歷問題一直無法升遷，於是去報考夜二專，晚上念書，白天轉到時間有彈性的3C電子賣場當銷售員。畢業後，一位賣場的常客招募他到網咖當店長，後來認識了常來店裡的女友。店長工作維持了兩年，遇到政府大規模掃蕩網咖，他的店又在學區旁，臨檢頻繁，加上網際網路越來越普遍，最終網咖關門收場。

那時二十七歲的他，找工作仍然十分不易，「我當時的想法很單純，就是要找那種工作最簡單、最容易上手、最不需要體力，又可以馬上賺到錢的。」於是，豪傑大哥開啟了計程車司機的職涯。

「我第一天開車是哭著回家的。」他談起載第一個乘客的情況，當時還沒有導航機，一切都要靠司機腦中熟記的路線圖，那位乘客要到 Hello Kitty 餐廳，他便盤算著路線，照心中所想的開著。正要轉彎時，由於路線不是乘客預期的，對方突然怒氣沖沖地說：「你會不會開車啊！」第一天跑車的他突然傻了，一時之間不知道怎麼應對，乘客這時又說：

「不會開就不要開啊！」然後沒付半毛車資，下車甩門就走了。

「我很難過，回家一邊哭一邊想，路沒那麼熟該怎麼辦？我沒有別人那麼會開車，又有金錢壓力，日子該怎麼過？那時候很沮喪，瞬間覺得人生也沒有意義了。」這個許多剛跑車的司機都可能遇到的場景，對當時準備好好努力的他來說，感觸更深。

幸好，當時有女友在一旁安慰與鼓勵，兩個人一起思考解決的方法。「後來每換一台車都一定先裝導航，因為我本來就是一個高度依賴3C產品的人，現在開車沒有導航，會沒有安全感。」

在網咖工作的時候，因為要了解消費者，他也玩線上遊戲，「玩遊戲的人都知道，如果你要生存，就要加入最大的團體，才能爭取到最多的資源。」他剛開始開車時，就一直想加入最大的車隊，「每次看到大車隊的生意都很好，二〇一〇年換了新車就馬上加入。」加入車隊後，他更留意服務品質、注重整潔，生意也開始逐漸成長。

某次遇到一位女乘客，對方一上車就對他說：「你只有一隻手，那我不要坐了。」隨即下車離去，「我沒有把她放在心上，因為我心裡想，我們是大車隊，不載你，還有很多客人等著我載。」聽豪傑大哥這麼描述，我也強烈感受到他那時已大幅提升的自信。

從黑夜轉白天

「在一個團體裡生活，知道得比別人多、比別人快，你就是先驅者，能生存得更好。」他加入車隊不久就當上小隊長，除了第一時間獲得最新訊息外，也能很快使用到最新的硬體設備。「因為我很了解3C產品，所以新的車機一到就會去研究，然後跟隊上其他人分享，讓我覺得自己有更多可以發揮的地方。」

二〇一六年八月一日，是一個讓他「從黑夜轉白天」的日子。身為小隊長時必須支援晚班，跑車都是晚上居多；卸下小隊長身分後，為了身體健康，他想養成早睡早起的生活習慣，所以從這天開始，改開白天的車。

哪知道，那天剛出門沒多久，就在樹林撞到一台百萬名車，對方非常憤怒，不僅滿口髒話，還語帶威脅。他的車沒保全險，估算下來，要賠上十多萬元，他一時間很驚慌，不知道該如何處理，一顆心焦慮不已。

還好當時車隊負責管理司機的許協理、梅經理和車隊好友貴哥等很多人，都出面協助他，教他如何處理車禍的相關事情，幫他解除危機並釐清後續可能的衍生問題，他也恢復平穩的心情。「因為這場車禍，整個心境都轉變了，我覺得很不可思議——怎麼我出車禍好像是大家的事情，大家都來支援我；那時候更覺得加入大團體是對的，單打獨鬥就不會有這些資源，沒有資源就是孤立無援。」

這場車禍改變了豪傑大哥的想法，「他們像是理所當然地在幫我，但我知道不是理所當然，大家都是發自內心地想幫忙；雖然我少了一隻手，但無形中有很多隻手在支持我，突然覺得自己以前很不知感恩。」

他整個人也跟著開朗了起來，隨著自助旅遊風氣興起，他考了導遊執照，開始接旅遊行程，「帶客人出去旅遊，才發現這個世界很大；有時候，我都覺得是客人帶我出去玩。」他笑著說，自己進入了另一個嶄新的世界。

談起開車最印象深刻的事，「我覺得人生充滿很多的機會跟驚喜。」某一天，他接了一個進線叫車任務，開到民生社區的巷子裡準備載客，當時一群人簇擁著一個人上車，「我一轉頭，哇！居然是伍思凱！」他的興奮溢於言表。

怎麼也沒想到，乘客居然是豪傑大哥一直都很喜歡的伍思凱，「我當時立刻跟他說，我真的很喜歡你！」他在車上放了伍思凱的歌〈曾經愛你，永遠愛你〉，兩人一起在車上哼唱著，一起聊天，「我那時候覺得活著真好！平常我們要付錢去看的明星，現在是他付錢給我，我還可以看到他本人。真的，活著就有希望！我現在活著，而且努力開車，才有機會看到他。」從他上揚的語調中，就知道他有多開心。

「有時候，幸福不需要很特意地去做什麼，就像遇到伍思凱，只是很平凡的一瞬間，就能感受到幸福。」他的臉上又露出小叮噹般的純真笑容。

生命的美好來自感恩

採訪快結束時，豪傑大哥顯得有些欲言又止，「有一件事，我從來沒跟任何人說，一直也很猶豫該不該說，但現在，我覺得應該說出來。」

稍停片刻後，他說：「從小到大，我跟父親見面的次數十根手指頭都算得出來，我們只有血緣上的關係，沒有實質上的感情。」最後一次見到父親，是被警察通知去辦理父親的後事，他後來才知道父親在大車隊開車，因為被高利貸逼急了而上吊自殺。

喪禮過後，陸續有幾位父親在大車隊的同事打電話給豪傑大哥，並相約見面，他們跟他說：「我們是你爸爸的好朋友，你以後如果有任何需要，都可以來找我們。」當時的他才剛開始開計程車，還沒加入車隊，而且因為跟父親沒有感情，所以沒把這句話放在心上，也沒留下他們的聯絡訊息。

「我從沒想過會再跟他們有聯繫。」隨著他之後加入大車隊，當上小隊長，比其他司機更了解那一脈相承的互助文化，加上後來的車禍事件，車隊的夥伴無私地幫助他，讓他不時回憶起當時的場景，「我一直惦記著，好像有一件事情沒有做。」

卸任小隊長後，豪傑大哥利用手上不多的線索，試著找到那幾位大哥，前後花了七年，在二〇一七年的一場訓練課程時，他透過與擔任幹部且相當資深的大象哥吳志銘說明父親的事，就這樣，終於讓他找到了！「原來大象哥就是當初曾經幫助我父親度過難關、照顧我父親、喪禮後還去找我的那許多位司機之一。我很慶幸找到他們，當面謝謝他們對父親的關照，對他們來說，這可能是件小事，是他們每天在做的事，他們可能做了一百件這樣的事，但對我來說，卻是很重要的一件事，真的非常感謝。」

後來我跟大象哥問起這件事時，他用長輩對晚輩的疼愛口吻說：「其實這真的沒什麼，我們就是在做平常會做的事情，我們當他是老朋友的孩子，所以跟他說如果有需要，都可以來找我，但他好像很內向，從來沒來找過我。」。

「這可能也是我冥冥之中想要加入大車隊的原因吧！」豪傑大哥表示：「當初他們告訴我『你有什麼需要』的時候，我沒有感受到，可是這麼多年之後，我感受到了。原來，『你有什麼需要？』、『有什麼我們可以幫你做的？』這樣的話有這麼深的意義，我是過了很多很多年，到現在才體會到。」

「車隊給我家庭溫暖的感覺，大家彼此幫忙，但前提是你要認同這個家庭。」他接著說：「我現在反而覺得，我比普通人都幸運一點、吃香一點，因為客人看我這樣，常會跟我說『辛苦了，零錢不用找。』」載客的時候，常常有乘客會多給他一些小費，以前他不太能接受，但經歷一些事情後，「我現在覺得，當別人給你小費的時候，其實他們心裡也有些惴惴不安。他們只是希望你過得更好一點，坦然接受下來，說一句謝謝，他們也會得到快樂。」

活著就有希望

現在的豪傑大哥，對父母親的看法也不同，「有些事是無法改變的，像是父母生下我們；有些事是無法控制的，可能因為環境的因素，讓他們不得已去做一些決定。我現在回想起來，媽媽可能也是無能為力才把我送去育幼院。我們必須用更寬闊的心看待這一類的事，一個人的成長必然經歷很多酸甜苦辣，所以還是要心懷感恩地謝謝父母生下我們，讓我們看到這個世界。」

聊到分分合合多年，現在陪伴在身邊的女友，他的表情越來越柔和，「她就是我的家人。我其實沒有那麼堅強，是很脆弱的，有時候遇到挫折，半夜會難過地一直哭，但她都在我身邊，陪伴我度過那些日子，讓我慢慢站起來。」

在那場車禍之前，他既對人生沒有什麼期待，生活也過得很隨興；但在車禍之後，他開始有些想法，對生活也有更多不同的感受，「這世界上還有許多事情等著我們去發掘，雖然可能現在的能力有限，一時半刻還做不到，但是只要把自己準備好，總是會有機會的。活著就有機會，就有希望；只要努力去做，以後就會有想要的生活，像是出國旅行，或是開個小店等等。但要活著才有機會做這些事，如果連生命都放棄，那就什麼都沒有了……生命，有很多奇妙、美好的一瞬間。」

聽著豪傑大哥的分享，我覺得，有個瞬間的美好正展現在我的眼前。

豪傑大哥給讀者的話

哪怕是最後一根稻草，都要緊抓著不放。

身體的高一二三，心的高度一九〇

「大哥，你的身高真的這麼剛好是一二三公分喔？」

「沒啦！現在老倒縮了！」

跟程健智大哥初次見面的對話就讓我噗嗤笑了出來。

第一眼見到他，我心中忍不住覺得好可愛！嬌小的身型、滿臉的笑容，還有開朗樂觀的個性、風趣搞笑的對話，讓人想一直跟他聊下去，我貿然地問：「大哥，你會介意別人看你的眼光嗎？」

「不會啊！因為我特別，人家才會看我，我若發現有人看我，就會主動跟他打招呼，然後對方都會嚇到，哈哈哈！但他們大部分也會跟我打招呼啦！我都用這來判斷這個人可不可以當朋友，如果他跑掉，就代表我們沒有緣分，那我也不需要理他啊！」他輕鬆回答，那些日常經歷早已轉化成人生道理。

每天醒來都是賺到一天

健智大哥生長在雲林四湖，小時候他雖然個子矮了點，骨頭脆弱了些，但爸媽從沒有多想，覺得孩子長大自然就會長高。但他總因骨折而在住院及出院間不斷輪迴，學習也常因此中斷，開始有著留級學長的身分。

上國中後，他又因骨折休學，「那時候覺得自己的身體實在很弱，要一直這樣麻煩別人……」他一度想割腕輕生，幸好，媽媽的話提醒了他，「健智啊！你要勇敢，勇敢面對一切。」之後，他從書中讀到一句話也點醒他——活下來比自殺更有勇氣。

於是，他鼓起勇氣去了解自己的身體到底怎麼了，國二那年，媽媽帶他到台北榮總住院檢查。檢查後，醫生說他罹患了先天性成骨不全症，這才知道，原來嬌小的身型和易骨折的體質，是因為這個約二、三萬分之一發生率的罕見遺傳疾病，讓全身的骨骼強度變差、骨質脆弱，只要遇到堅硬物品或是跌倒，甚至動作過快或過大就容易骨折，也是俗稱的「玻璃娃娃」。

醫生跟他說：「根據國外文獻，你可能只能活到二十五歲。」這句話，讓當時才十六歲的他嚇傻了，更別提媽媽聽到立刻難過地大哭了起來，不敢相信自己孩子的生命已近盡頭。

即使只有九年時間，日子還是要過，檢查後他回到雲林，繼續讀書、生活，因為身體的狀況，國中休學了兩次，讀了五年才畢業。高中一年級時他又骨折了三次，當時爸媽生意失敗，打算北上擺路邊攤還債，他索性休學，跟爸媽一起到台北做生意。

剛到台北不久，某天他走進百貨公司：「我一進門，那種深深的自卑感衝擊著我，覺得我好像不屬於這裡。」看著迎面而來身高體壯、穿著光鮮亮麗的都市人，和他拄著拐杖的矮小身形及樸素衣著，形成強烈對比。當時的他，十分在意路人的眼光，每個落下的眼神都讓他的自卑感無限上升。

這時期，他幫忙家裡的生意，空閒時到行政院辦的身心障礙者電腦班上課。在班上，他認識了一個又高又帥的同學，有著美國大學的電腦相關學歷，回台後在電腦公司上班。某天，他喝完喜酒，同事開車載他回家的途中，發生車禍，強烈的撞擊力傷到脊椎，腦部也受損，導致智力下降，說話結巴，連電腦基礎班的課程，都需要老師一項一項說明。

某天下課，他看到那位同學拄著拐杖走出來，便問：「你要去哪裡，要不要我載你？」同學說好，一腳跨上他的三輪摩托車，抵達目的地時，他問同學：「你家住這裡喔？」同學給他一個無比燦爛的笑容，說：「不是！我來這裡逛街看電影。」

那個笑容改變了健智大哥的人生觀！他心想，這樣一個原本是人生勝利組，卻因後天事故而變成身障者的人，沒有怨天尤人，還如此開朗樂觀，開心地過著他想要的生活。

「那我為什麼不行！」他逐漸轉變想法，朝向「如何讓自己活得開心」而努力，他拋開自卑，讓自己在每一個環境裡從容自在，不去在乎別人的眼光，「做好我自己，開心就好！」

就這樣，二十歲過了，二十五歲也過了，「欸，我還沒死！」今年已經四十七歲的他，早就把當初醫生說的話拋諸九霄雲外。「我現在每天醒來都是賺到一天，就開心地起床過日子，有什麼不好？」轉念後的他，重新啟動了人生。

戀上學妹，大二結婚

在台北五年，健智大哥又骨折了兩次，每次骨折都須休養兩到三個月的他，要跟一般人一樣到學校完成學業較為困難，於是他想，不如利用休養期間在家讀書，便買了函授教材，靠著自學通過高中同等學力鑑定，獲得高中學歷認證。

二十六歲時，家裡的債已經還清，由於媽媽身體微恙，舉家搬回雲林。媽媽問他想做什麼，「我說自己也沒有一技之長，先去考大學好了！」他到補習班苦讀一年，考上嘉義大學獸醫系。原本他想念醫學系，畢業後幫助身心障礙者，但因分數有些落差，便念了同樣是「醫學」的獸醫系，爸爸知道後還叨唸：「蛤！你讀獸醫系，你要是被牛踢到就『翹去』啊！」

說到牛，健智大哥突然眼神發亮地偷笑著，他聊起某次實習課要去牧場學習判斷牛的懷孕週期，學生須將整隻手伸進牛的屁股裡，隔著腸子觸摸子宮來進行判斷。對牛來說，人的手伸進去會有異物感，牛會緊張而夾緊屁股，這堂課讓學生們害怕到很想翹課。「前面幾個同學做完後跟我說，手伸進去會被夾很緊喔！我聽到靈機一動，跑去跟老師說，老師，我的骨頭不好，我怕伸進去手會折斷，老師一聽馬上叫我不要做，這門課直接讓我過。」他一邊比劃著當時的動作，一邊哈哈大笑。

這就是變得樂觀外向的健智大哥，機伶又搞笑，讓他成為學校的風雲人物，還出來競選活動中心的副總幹事。他的學妹看到這位候選人到班上拉票，心想：「學長好特別，這麼小一隻，卻這麼有活力。」

由於學妹跟他的大學同學同住，所以他們也越來越熟。某天他騎著全校只有他可以騎進校園的三輪摩托車，正巧遇到學妹，便開口問她：「你要不要坐我的車？」沒想到學妹一口答應。

「很少女生喜歡坐我的車，這個女生不一樣喔！」

健智大哥回憶起當初跟學妹的交往，「就在一個夜黑風高的晚上，她說心情不好跑來我們宿舍，我們聊著聊著，就聊到趕不走了。」他用滿是甜蜜的聲音搞笑地說：「我後來才知道，原來媽媽兩個月前給我的平安符，其實是特別去求的姻緣符。」學妹知道後，也開玩笑：「你看你那時候招到我，請神容易送神難吧！」他回學妹：「沒關係啊！我就侍奉好你這個大神！」

然而，外在的現實還是來考驗他們，學妹的爸媽得知女兒跟他交往甚至同居，開始輪番南下嘉義，找同學、找老師，請他們幫忙說服女兒跟他分手。

健智大哥提起某個下雨天，他騎著三輪摩托車去載學妹的爸爸，一路上，學妹爸爸把雨傘打橫，架在他的脖子前，兩手跨過他的肩上，看似輕鬆地抓著雨傘，實際上卻越拉越緊，一度讓他覺得喘不過氣。後來他才知道，原來學妹的爸爸當時想，既然說服不了女兒，乾脆勒死他好了，幸好理智戰勝了心魔，爸爸沒有真的狠下毒手。之後換媽媽來，找上了教官，沒想到教官跟媽媽說：「我覺得健智不錯啊！可以讓他們試試看。」

他感受到學妹爸媽的不安，不單是指自己的身體狀況，而是學妹在為人師表的父母教育下，一向成績都是第一名，但在跟他交往後，學業一落千丈。後來他才知道，其實學妹一直都不喜歡念書，遇到他，就像抓到了浮木，希望積極的他把她拉上岸，逃離這一切。

因為當時他們已經同居，為了讓學妹爸媽知道他是認真對待，於是在大二那年，在他的媽媽及同學們的見證下公證結婚，二十八歲的他和二十一歲的她，終於名正言順地在一起。

結婚初期，健智大哥陪老婆回娘家，自然地熱情打招呼，但老婆的家人都還不太能接受這個事實而冷淡回應。甚至某次親戚來訪，問起他是誰，阿嬤回說：「這她同學啦，來玩住幾天而已。」他心中雖然難過，卻沒有戳破這個謊言，笑著虛應故事，他告訴自己，總有一天會讓他們認同的。

最小個的人，最大台的車

「我以後都不工作可以嗎？」學妹在婚後這樣問他。

「可以啊！只要你保佑我賺得夠你花就好。」他心中下定決心，要讓老婆安心在家，不用擔心經濟問題。

大五那年女兒出生，健智大哥陪著老婆在娘家做月子，全心全意照顧女兒和老婆，岳父岳母都看在眼裡。隔年，他一畢業就到淡水家畜衛生試驗所上班，兒子也同時出生，他一邊努力上班，一邊想著還有什麼賺錢機會可以增加收入來養家，「我看到有身障者當小黃司機的新聞，想說我也可以兼差開車。」

一開始他表示要買車、開車時，岳母曾質疑地問：「你會開嗎？」他心中默默發誓：「我開給你看！」拿到新車的那一天，業務開心地交車後，他對業務說：「其實我十三年沒開過車了。」被嚇到的業務趕緊帶他到空地去練車，找回開車的手感後，後續的練車任務就由老婆負責了。

「拿到車我好開心啊！因為老婆很喜歡出去玩，以前一台三輪摩托車要載一家四口，前面坐一個，我跟老婆中間擠一個，我腿又比較短，兩腿開開撐著讓孩子在前面，加上那時候老婆體重比較重，整台三輪車重心很不穩，每次又是跑北海岸，又是金山泡溫泉的，我都覺得快累死了。」終於有了車，他聊起仍興奮不已。老婆週末會安排一家四口出遊，「我一邊開，她就一邊指導我，她沒駕照欸，然後還要指揮我，怎麼沒有早點煞車、怎麼啟動這麼震、怎麼開那麼快，我都說好好好。我的開車技術也因為這樣變得很好，後來有乘客稱讚我開車技術好，我都說是老婆的功勞。」

在家畜試驗所工作三年，因組織縮編而將結束，得知消息的健智大哥擔心在找到下一份工作前會有銜接不上的空窗期，於是在工作結束前考取了計程車職業駕照及執業登記證，並將車子正式改裝成計程車。但沒想到的是，當時已開始參加「成骨不全症關懷協會」活動的他，因緣際會接下協會祕書長的工作，兩個工作的時間無縫接軌，所以改裝好的計程車變成他下班後偶爾的兼職。

在台北待到二〇一〇年，健智大哥因為母親過世，父親需要照顧，所以在三十八歲這年帶著家人回到雲林，並到母校擔任研究助理。然而日薪計的約聘工作，尤其遇到寒暑假時，薪資少得可憐，他曾經一個月只有一萬五的收入，根本難以養家，於是他又想起兼差開計程車這件事。

這次不僅要開計程車，他還想開無障礙計程車，「從小就一直被爸媽照顧，接受同學或其他人協助，我發現自己會開車，就可以靠著開車來服務別人、照顧別人。」

二〇一六年雲林縣第一次辦理無障礙計程車補助計畫，健智大哥得知消息就開始偷偷寫計畫書，他依據自己的身體狀況考量各種車款，可惜都沒有完全適合他的，最終他選定福斯 Caddy 為原型，並寫上預計的改裝計畫。

「沒那種屁股，還想吃那種瀉藥。」研究室的老師聽到他想去開計程車，擔心的話直衝出口，但他知道，這是他想做的事，一個可以賺錢又可以幫助別人的工作。兩個月後，補助通過，他想到全雲林只有兩台無障礙計程車，這肯定是一個藍海的好機會。

就在此時，福斯 Caddy 宣布停產，他瞬間慌了手腳，四處找解決辦法，就在跟縣府簽約的期限前，朋友傳給他納智捷Ｖ7的型錄，他一看，嚇傻也樂壞了，因為這台車居然跟他當時寫的改裝計畫一模一樣！後車廂的斜坡便利輪椅上車，遙控器可操作電動牽引帶，讓他不需花太多力氣就能讓輪椅上車並固定，而高二百公分的後車廂蓋，他也用女兒編織的長繩綁著，輕鬆一拉就可降低高度，關好車廂門。

「我那時候覺得老天真的一直默默在幫我。」這下他連改裝的錢都省了，獲得政府補助，再去申請身障者創業貸款，他開心買下這台新車上路。

剛開始開車時，健智大哥到醫院外面發名片，希望招攬身障客人，後來發現這客群大多搭乘復康巴士，之後他去高鐵攬客，最常碰到的情況就是被插隊搶客，後來有位司機大哥介紹他加入車隊，大哥說：「孤鳥難免被欺負，計程車司機就是要相挺，加入車隊，同事可以彼此照應。」

加入車隊的第一天，大家都對他的人和車十分好奇，他一律來者不拒地詳細解說，有位大哥還開玩笑地說：「健智，我看你今天就不要排班跑車了，他們每個人來看一次收十元。」就這樣，好相處的健智大哥很快跟大家打成一片，大夥叫他「百九仔（一九〇）！」

一開始在雲林高鐵站排班，乘客看到他往往露出遲疑的眼神，同事就會幫忙解釋或搬行李上車，某次他排在頭班車，一位約六十多歲的阿姨走過來看到他，轉頭問其他同事：「我甘會當坐別台？」同事一聽，馬上拿著阿姨的行李放上後車廂，一邊說：「這台是咱車隊尚豪華的車，服務尚好的司機，妥當免煩惱啦！」

阿姨上車後囁嚅地說：「拍謝啦！我剛剛想說你人這小漢踩得到煞車嗎？」一路上，健智大哥跟阿姨解釋車子特殊的結構，平穩地開著抵達目的地時，阿姨說：「我等下要跟我每個朋友說，雲林高鐵有你這樣的一位司機，開車很穩、很安全，坐他的車沒問題！」這樣的認同，讓他十分感動，還有滿滿的成就感。

正式開車後的健智大哥，也常常因為擔心乘客趕時間而急忙動作，導致骨折不斷，「每次骨折，我都覺得是老天在提醒我，要我不要急躁，要心情平緩地做好服務，留意自己跟乘客的安全才是最重要的事情。」尤其是開著無障礙計程車，乘客也都是需要特別留意安全的人，駕駛與乘客之間有一份緊密連結，讓健智大哥特別喜歡服務這個客群。曾有位坐輪椅的阿嬤搭了他的車後跟他說：「你哪會架古錐，駛車架熬！其實你足緣投，毋過有淡薄仔矮。（你怎麼這麼可愛，開車這麼厲害，其實你很帥，不過有點矮。）」他跟阿嬤一起哈哈大笑，超級開心。

把心打開，人生升級

「這是我的大女婿。」婚後四年，他聽見岳母跟朋友這麼介紹他，終獲岳母肯定的他笑著說：「我有次跟我岳母說，你看女兒嫁給我也有好處啊！我一定不會打你女兒，因為我打不過嘛！」他話剛說完，我忍不住跟著笑出聲。健智大哥善於以幽默的方式表達自己有多愛老婆，這份至深的情感，讓即使知道結婚生子後，孩子可能會有一半的機率遺傳到他的疾病，他們仍義無反顧。

一雙兒女中，女兒遺傳了他的成骨不全症，但這並沒有影響他們的生活，反而因為了解這個疾病，更加知道如何應對，「老婆懷孕的時候，我們就想好，最壞就像我一樣，我們都尊重生命原本的樣子。」他的眼神中流露身為爸爸的柔情。

從小至今，健智大哥有印象的骨折高達三十多次，小時候常常是別人一離開他身邊就馬上骨折了，爸媽也因此奔波於醫院和工作之間，「骨折了，我們處理就好。開刀，住院，復原，然後繼續之後的人生。」這段話他說來平常，但如此頻繁進出醫院，恐不是一般人可以想像，他跟女兒說：「凡事不要急，慢慢來。自己要會評估狀況，永遠都要保護好自己才是最重要的。」他以自身的經驗，教育女兒避免重蹈覆轍，女兒至今只有兩次骨折，「她現在十六歲，一百三十二公分，都比我高了，她那天跟我說：『爸爸，我看得到你的頭頂耶！』哈哈哈！」他大笑著說，臉上是父母為孩子感到驕傲的神情。

兒子很獨立，對腳踏車有興趣，國小就自己煎薯餅、煮紅茶到學校賣，用自己賺的錢買了一台越野腳踏車，從雲林來回日月潭騎了二百公里，他說：「我摸著他雙腿的強壯肌肉就很有成就感，覺得我養了一個好棒的孩子。」我想，兒子那強壯的力量，正是傳承自爸爸無比強大的內心。

現在健智大哥常受邀演講，分享自己的故事，「一場演講只要能幫助到一個人，讓人受到鼓舞，我覺得我的人生就有價值了。」袖珍的身高並沒有限制他心的高度，回首來時路，「我覺得老天讓我繞一大圈回到雲林開計程車，是因為老天要讓我去完成一些事情，像是高中休學，其實是要我陪爸媽一起北上還債，或是考上大學，其實是為了要讓我遇到太太，甚至現在出去分享，其實是為了能幫助到更多的人。」

健智大哥跟我分享自己最愛的一部電影，羅賓．威廉斯主演的《心靈點滴》，這部片讓他領悟自己必須打開心胸，傾聽他人，與人交流互動；只要自己先踏出一步，人與人之間的相處就會更容易。「把心打開很重要，」他就是這樣赤裸裸地把自己呈現在陽光下，不畏懼、不猜測別人的眼光，「別人說我的時候，我會從自己的角度去想，別人說的是不是真的，真的不好我就改；但如果無法改變，像是說我矮，我就是矮啊！但我矮的有特色！」他以一貫風趣的語氣，樂觀正面的態度面對每一個人。我想，即使是不開心的人，看到他都會覺得世界充滿陽光，而開心了起來。

健智大哥給讀者的話

不要從別人的眼睛看自己，要從自己的內心看自己。

03 白開水的幸福

來到這間隔壁就是車庫的一樓住家，室外與屋內的地板直接相連，大門上沒有一般常見的門檻，有的是歷經長期使用而更加平滑的地板。

打招呼的聲音從室內傳來，門也跟著同時打開，鄭木長大哥帶著靦腆微笑，自己推著輪椅「滑」出來。領著我們進門後，他一個轉身到廚房端出一盤水果放到客廳桌上，我們甫坐定，他已將輪椅定位好，快速而熟練完成一切動作等著我們，並說：「這阮某出門前切好的水果，免客氣！」

我們一邊驚嘆地看著他滿滿的證書及獎狀，身障自行車環台認證書、身障手搖自行車飛越中橫挑戰證書、身障手搖自行車比賽冠軍，身障射箭錦標賽第二名……等，一邊跟他聊起坐上輪椅的經過。

老天給的考驗

一九八一年，木長大哥二十二歲，他跟哥哥在苗栗通宵的小鎮上，一起經營挖土機修配廠。每天上班時，他都會留意著一位從工廠後方的住家走出來的清秀女孩，暗自欣賞著她。有一天，他終於鼓起勇氣向前邀約：「小姐，要不要出去？」個性憨厚，不善互動的他，這唐突的舉動，讓對方嚇了一跳，「而且這個人比我矮，我不想去！」她心裡想著，便直接拒絕了他。

之後，他天天在大門外製造「巧遇」，除了加深印象，也再次開口約她，但幾次下來都被拒絕。直到最後，他決定放手一搏，跟她說：「這是我最後一次約你，如果不成功，我就放棄。」她當時心想，「都拒絕這麼多次了，不然就跟他出去一次吧！」

開始有交集後，她發現他常常一早就開工，忙到晚上十一點多才下班，「他好認真喔！」愛情的種子因為這個男人的認真而慢慢萌芽。

交往半年後，她懷孕了，當了六月新娘，開心舉辦熱鬧的婚宴，準備迎接下一階段的人生。只是萬萬沒想到，就在他們新婚不到三個月，老天跟他們開了一個大玩笑。

那天，大卡車載著一台因土石崩坍而被砸損的挖土機前來修理，那是一台特殊機型的挖土機，駕駛座四面沒有玻璃門窗防護，因為需要接電測試，所以挖土機直接就在大卡車上，插上大卡車的電池進行維修。

挖土機加上大卡車的高度，足足快兩層樓高，他站在挖土機駕駛座旁接電發動挖土機。啟動後，他正想轉身調整拉桿時，整台挖土機突然從機械手臂那頭翹了起來，瞬間往後翻，他整個人也跟著從這兩層樓高的位置摔下地面。

大卡車司機嚇壞了，連忙喊了他太太，並趕緊開車載他們到醫院，但當時的木長大哥，下半身已沒有知覺。

在醫療不發達的那個年代，鎮上小醫院的資源有限，醫療知識也較為不足。住院期間，醫師遲遲無法說明狀況，只是不停打著點滴並在他腰上綁著秤錘。過了一星期，醫師才說應該是摔下來時傷到脊椎，導致脊髓神經損傷，下半身已癱瘓。

他們都嚇傻了！老婆當年才二十歲，還懵懵懂懂，聽不懂神經是什麼，只知道醫生說他下半輩子可能無法走路，「我聽到都傻了！孩子還沒出世呢！」她挺著六個多月的身孕來回醫院家裡，奔波照顧著丈夫，「出事的時候我們才剛結婚，大家壓力都大，我那時候要哭也不是，挺著個肚子，也不希望影響到肚子裡的孩子。」她憶起當年，眼眶還是紅了。

住院兩個星期多，院方一直沒有更積極的治療，他的哥哥覺得這樣下去不是辦法，不惜跟醫護人員衝突也要帶他出院。

那個不了解「神經」是什麼的年代

「那時候我們也不懂什麼叫『神經』，因為我外公是國術館的『拳頭師傅』，所以我們從小覺得摔倒、骨頭斷了，去喬一喬、接一接就會好。」然而這次是事關重大的脊椎，連外公都不敢幫他處理。

出院後，他先是聽同業介紹，與老婆到彰化溪湖住了一個多月讓師傅「喬」。治療時，他橫躺在師傅的大腿上，腰椎挺在師傅膝蓋處，師傅右手在他的上半身，左手在他的下半身，兩手用力一壓！這直接硬喬的手法聽說是用來治療牛的，那力道之重，上半身的痛感讓他至今難忘。

這段期間，去藥房拿藥時，藥劑師都一直勸他們去大醫院看比較好，加上阿姨的女兒在長庚醫院上班，他想，不然去長庚檢查一下。檢查後，醫生說：「如果是在事發後幾個小時內到醫院動手術，應該還有醫好的機會，現在，一切都太遲了。」他們夫妻倆一聽又傻住了，他不敢，也不想相信這樣的結果。

木長大哥開始四處找路子，「人報到對，咱就行去對。」各種民俗療法都用盡，「有人介紹我去做氣功治療，師父就摸摸我的頭，一小時一千元，我還做了一個月！還有一個說是西螺七崁的還魂散，中藥那種小小湯匙，一湯匙就要一千元！」他笑說當時的傻氣堅持。

一年後，他決定放棄，帶著老婆與女兒回到老家嘉義。女兒交給媽媽照顧，自己開始復健，天天在家裡穿鐵鞋練習走路，但他心中的悲憤仍無法散去，時常怨天尤人地鬱悶度日，也因為害怕別人的眼光而足不出戶。

沒有什麼工作經驗的老婆就到工廠上班，以前的她連腳踏車都不會騎，為了上班，學會了騎車，也為了省錢，每天中午回家吃飯，順便帶工廠的家庭代工回家，好在下班後再加減多賺些。

一次，老婆在回家路上出車禍住院，婆婆因為要帶孫子無法照顧，只好打電話請娘家的爸媽來幫忙。老婆的爸媽當天一來就說要把女兒帶回去，覺得她實在過得太辛苦，連家裡的阿公都加入勸說的行列，要老婆跟爸媽一起回去，「我不要，無論他們怎麼說，我都說不要！」老婆堅定地回答。

我問木長大哥，這情況下他怎麼想？他笑著說：「對啊！那時候怎麼不要回去。」一笑容下的感動神情，早已洩漏了他的口是心非。

在嘉義待了五年，由於童年玩伴在台中開鞋子工廠，找他們夫妻過去打拚，因此全家搬到台中，開啟至今的生活。

帶著老婆跟才四歲的女兒，和老婆存下的錢來到台中大肚，一片黑壓壓的荒地，那時一百萬就可以買下三棟房子的偏遠地區，他們以每月五百元租下一間家徒四壁的房子，他的哥哥每次來看他，都直接拿一千五百元給他，讓他們能多撐一些時間。

「因為很偏僻，所以自來水管線常有問題，用一星期的水，停兩星期，每天都覺得時間過很快，繳房租的日子一下就到了，每個月被錢追著跑，早餐常常是一顆饅頭剁兩半，我們分著吃。」老婆說著，忍著淚不讓它落下。

接下來的五年，老婆開始沒日沒夜、沒假日地工作，能加班就加班，拚命賺錢，木長大哥依舊在家做家庭代工。「我自己可以做的就自己做，她白天上班，我就負責煮午餐、晚餐和洗衣服。」整整十年的時間，他除非必要，很少出門，如果有人要找他說話，他也都盡量躲避。

生命中的貴人帶他走出新人生

某天，他騎著三輪摩托車要去領家庭代工的酬勞，路上遇到一位同樣坐輪椅的大哥，看到對方穿著襯衫皮鞋，一身筆挺，一臉陽光的樣子，他忍不住跟對方攀談起來，大哥跟他聊到：「我開車來的。」他嚇了一跳，「你這樣怎麼開車？」大哥回他：「可以啊！去改裝就好。」

他想起之前，接到通知要換駕照，他還跟老婆說：「不用換了，反正也用不到。」老婆卻說反正先換起來，有需要的時候就用得到。「我本來以為，這一輩子都無法再開車了。」結果遇到這位貴人——陳大哥，帶著他去看專為身障者改裝的車，他才知道，原來自己還可以再開車！

陳大哥也介紹他加入台中市脊髓損傷者協會，這年他三十三歲，人生開始不同。

加入協會後，木長大哥發現自己並不孤單，有許多跟他一樣的脊髓損傷者在這個世界上努力生活著。他甚至可以安慰自己說，自己還不是最嚴重的，因為他是傷到胸椎，所以至少上半身行動自如，有些是傷到頸椎，就只剩嘴巴可以動。

談起協會最重要的宗旨——「走出家裡！」這是協會一直傳達給他們的觀念。在幾次的聚會後，他慢慢打開了心防，走出家門，甚至接受協會安排，到遙控模型汽車工廠上班。

上班第二年，他買了人生中的第一台改裝車，「車改裝好後，我都不敢開，因為油門跟煞車都是用手控制的，一不小心就會拉錯，我第一次上路差點撞到對面那根電線桿！」

他比劃著窗外的電線桿笑著說。

工作兩年，雖然上手，但搬東西之類的事還是要麻煩同事幫忙，慢慢的同事間排斥的言語和眼神，讓他萌生離職的念頭。此時，恰巧得知身障立委徐中雄爭取身障者開計程車的權益，這消息讓他決定要去開計程車！媽媽一聽到他的想法，擔心地說：「不要吧！你身體這樣還去開車，每天在路上很危險。」但一直都支持他的哥哥出面說：「你就讓他試試看吧！」

於是，他和十幾位身障朋友組成「火鶴車隊」。初期生意很好，尤其女性乘客很喜歡叫他們的車，但由於車輛數不夠多，乘客每次都要等很久，慢慢就越來越少人叫車，加上後來推動公益彩券，有電腦技能的身障者轉去開彩券行，車隊就解散了。

木長大哥轉到其他車隊後，仍習慣帶著輪椅上車，沒客人時就坐輪椅在車外溜達。某次要載一位歐巴桑，她看到輪椅嚇到說：「不要不要！正常人用腳踩都踩不好了，你還用手來開車，不要不要！」從此以後，他就不帶輪椅出門了，但因為他的狀況，木長大哥就必須一直坐在車上。尤其那時為了多賺一些錢，一早帶著老婆做的便當出發，一天開車十四小時，他就十四小時無法離開駕駛座。

「我以前都不穿鞋的，因為下半身沒有感覺，不管是在家裡或外面，上廁所變成很不方便的一件事，也由於沒有尿意，就常常憋尿，加上開車一整天都坐著，整個腳都水腫，鞋子根本穿不住。」後來他去做「膀胱造廔」手術，從恥骨上方插入導管至膀胱，這樣可以隨身帶著尿袋，輕鬆排尿，也解決了水腫問題，讓他終於可以穿上鞋子，加入必須穿制服的車隊。此外，他將尿袋的管子改短，藏進褲管裡，坐在駕駛座的他，看起來就跟一般的計程車司機沒有兩樣。

一些乘客得知木長大哥的狀況，通常會體諒他，但也遇過一些乘客讓他很無言，「有一次是一位大陸回來的客人，因為我有一個黃燈沒有闖過去，他很生氣，下車時拿了行李，不關後行李廂門就走了，我只好慢慢往前開，找好心的路人幫我關上。」他也聊到司機常遇到的搭霸王車，「有一次，對方說要去辦事等一下就回來，結果人沒有回來，但我也沒辦法跑去追他啊！哈哈哈！」那對一切處之泰然的表情，像是他新人生的註解。

自從加入脊髓損傷者協會的互助團體，到轉換跑道開車，至今已經三十年，木長大哥不僅改善了家庭經濟狀況，心境上也走出過往的陰霾，靠著自己雙手努力建立的新生活，更是他笑容中的自信來源。

勇敢站起來

採訪尾聲，我忍不住提出疑問，坐著輪椅的他，要如何把輪椅放上車？木長大哥笑著說：「靠我的手啊！」他帶我們到車庫做示範，先將輪椅卡在打開的車門和駕駛座間，一手撐著車門扶手，一手撐著方向盤，順勢抬起自己的身體滑進駕駛座，接著雙手收起輪椅，單手一把抬起輪椅，瞬間放上副駕駛座，那十幾公斤的輪椅就這樣就定位，流暢且快速的動作，讓我們不禁驚嘆！

我看到他厚實的手臂，「大哥，你都靠扛輪椅練二頭肌喔？」他又笑了，帶我們到一樓樓梯間的小空間，那裡裝設了他在家練習用的雙吊環，一到定點，他雙手直上吊環，立刻連續做幾個引體向上，想起採訪前看到的滿滿手搖車獎狀，這雙手臂的強大無須多言。

「他意志力很堅強，雖然身體狀況跟一般人不同，但開車技術很好，比其他人更厲害，我覺得他很偉大！」老婆驕傲地說，語氣間流露出崇拜。

「大嫂，結婚三十八年，你後悔嗎？」

「不會！」

「為什麼？」

「因為孩子吧！」

「你愛他嗎？」

「啊！要怎麼說，沒愛怎麼可能陪到現在，他只要有一點受傷，我就擔心到不行啊！」他說：「我們脊椎受傷的人，十個有九個太太都離開了。」

話雖未盡，實則了然，迂迴的表達方式，就像總靦腆笑著的他們一樣，那情感，是一般話語無法詮釋的。

看著木長大哥努力生活，妻子不離不棄陪伴，就像木長大嫂說的：「我覺得最幸福、最開心的事，就是我們兩個人一起坐在這裡。」看似平凡如白開水的日常，實則是不平凡的濃厚情感交織。

木長大哥給讀者的話

在家坐著也是一天，出外開心也是一天，快快樂樂日子好過。

木長大嫂給讀者的話

勇敢站起來，要像我老公一樣意志力堅強地迎向人生。

04 孩子，是勇敢面對艱難考驗的動力

紮著簡單馬尾，筆挺且略瘦的身型，清秀氣質的李秀萍大姊，要不是身上穿著熟悉的車隊制服，我可能會以為她是一位銀行櫃檯服務人員，問起她為何當計程車司機，她不諱言地說：「為了還債。」

舞蹈科班的印記

萍姊共有六個兄弟姊妹，媽媽從小無微不至地照顧他們，從不偏頗。因家裡經濟狀況不佳，國中開始她就半工半讀，貼心的她說：「我總擔心家裡錢不夠，萬一無法付學費，怎麼辦？」於是，考高中時，她跟隨姊姊的步伐進入學費較低廉的國光藝校，「我念的是舞蹈科，學的是高難度的芭蕾舞正科班，但因為長時間練舞及訓練，身上腰傷、腳傷不斷，也沒辦法好好養傷，導致習慣性骨折脫臼，所以高中畢業就沒再繼續念。」

當時萍姊一邊念書，一邊跟著學姊們打工，四處幫人伴舞，畢業後也是從事伴舞工作，「那時候高中畢業生的月薪才一萬二，我伴一次舞就兩、三千了。」那是台灣秀場興盛的年代，從知名的太陽城餐廳秀到有線電視台的節目錄影等都有她的身影，「鄧麗君、鳳飛飛、劉德華……等等，電視上出現過的知名歌星，我都有幫他們伴過舞。」她細數著年輕歲月的經歷，我定眼細看著她，那坐在椅子上仍挺直的腰和俐落馬尾，舞蹈科班的印記深烙在她的一舉一動之間。

舞蹈表演工作的關係，萍姊因緣際會認識了演藝圈的大前輩，也因此被介紹到日本表演，為期半年的日本表演工作，讓她藉機學了些簡單的日語。

回國後，考量舞者的職涯有限，且台灣秀場文化已漸趨沒落，電視節目預算減少，能請伴舞的已經不多，所以她決定轉換跑道去印刷廠當會計，下班後才偶爾兼職跳舞。

直到二十三歲結婚後，公公覺得婚後這樣拋頭露面觀感不好，媽媽也跟她說：「結了婚要以家為重，要聽公公婆婆的話。」於是她自此放棄了舞蹈的相關工作。

善良助人卻負債百萬

在印刷廠工作時，萍姊跟老闆娘情同姊妹，天天聊天談心，老闆娘有任何事情都會讓她知道。

「老闆從不對我們凶，他只對老闆娘凶，如果我們做錯事情，被打罵的都是老闆娘，他打她給我們看。有一次，老闆遠遠朝老闆娘丟鞋子，我們都嚇傻了。」正因如此，她跟同事們每每看到老闆拳腳相向，都很心疼老闆娘，甚至覺得對她有些抱歉。

工作了兩年，某次因為客戶的支票票期開太長，需要兩、三個月才能兌現，老闆娘又急需現金，萍姊就拿自己的存款跟老闆娘換票，「我那時候沒想那麼多，只是希望她把工廠撐起來。其實工廠生意不錯，只是老闆太會花錢，他一個人的開銷就很大，所以工廠一直經營不好，我想說工廠的帳都是我在看的，沒關係，就借她了。」當年才二十四歲的她，有著年輕不知社會黑暗的天真。

之後，老闆娘開始越來越常向萍姊和幾位同事借錢，「我要結婚前，媽媽特別跟會給我二十萬當嫁妝，我也陸陸續續借給老闆娘，後來還用我的名字向銀行借了二十萬的信用貸款。」就這樣幫著幫著，她的薪資因「體諒」而越領越少，老闆娘的借款金額卻越來越高。

兒子出生後，萍姊常因為照顧孩子請假，老闆對她頗有微詞，此外，婆婆一人要帶七個孫子疲於奔命，公公希望她回家照顧孩子。於是，她離開印刷廠，跟姊姊頂下家裡附近的早餐店一起經營，好有更多時間可以陪伴孩子。

離開印刷廠不到一年，肚子裡懷著二兒子的她，在早餐店裡忙得不可開交，卻接到前同事傳來老闆娘的消息。「剛開始都有固定還錢，我離開工廠後就不正常了，那時太忙也沒多想，後來前同事跟我說，我才知道，她跑了。」萍姊得知後心都涼了，四處打聽老闆娘的下落，甚至一度去問乩童看找不找得到人。由於遍尋不著，她跟幾位也被老闆娘欠債的同事，回到印刷廠找老闆要他還錢，老闆只是雙手一攤，說她們沒憑沒據，也不知道老闆娘欠她們多少錢，「想到當初沒寫借據，我就知道錢拿不回來了。」

後來聽說老闆娘曾經回印刷廠要跟老闆離婚，談不成又消失無蹤，而老闆在那之後沒幾天，燒炭自殺身亡。萍姊知道，這筆債接下來她得背了。

「我從小就習慣什麼事情都自己來。」二十六歲的她扛下了一切，沒讓媽媽、老公或任何人知道這件事，也根本不敢去算到底借了多少錢出去，「後來整理才發現，總共是一百萬零九千六百三十元。」這筆精準的數字，就是她日後近二十年還債生活的核心。

只想著趕快賺錢

為了還錢，萍姊以卡還卡，抓東牆補西牆，早餐店的營收往往只能打平，還要維持家裡的一切開銷，兩年下來開始入不敷出。她向媽媽借錢，媽媽察覺到不對勁，問她：「現在是在做什麼，怎麼會弄到都沒錢？」最後只好吐實，媽媽聽了又生氣又心疼地說：「我就知道！」原來媽媽聽到老闆娘跑路時就猜到了，只是一直沒有戳破她的謊言。

在這種狀況下，萍姊收掉店面，回到老本行印刷廠去當工務。由於工務領的是死薪水，她又轉當業務，希望靠獎金多賺點錢；同時她還兼做家庭代工，補貼收入。

龐大的債務壓得萍姊喘不過氣，每月平均要繳六萬元，卻僅有兩萬八的底薪收入。儘管她對客戶的品質要求及效率掌握絕佳，好口碑也讓業務不斷擴展，但公司設的獎金門檻卻是高到永遠沒有領到的那一天，「我都告訴自己沒關係，老闆會看到我的努力。」

每天下班後先回家陪孩子，半夜再到印刷廠監工，夜晚出門的次數多到婆婆起了疑心，「有次小兒子吵著要跟我一起去工廠，回家後，婆婆偷偷把兒子帶到房間問他：『剛剛媽媽帶你去哪裡？』兒子說在工廠玩推車，婆婆卻大聲斥責『囝仔人，唔湯供白賊！』。」她聽了也只能苦笑。

只是業務工作九年，萍姊依舊領著固定薪水，雖然天天加班也沒有加班費，逼得她時常需要預借現金才能還債。除了債務外，當時要升小學六年級的大兒子提早進入叛逆期，面對經濟及家庭的雙重壓力，她萌生辭意。

恰巧，某天送兒子上學，看到學校對面的早餐店要頂讓，她咬牙拿出結婚金飾去典當，頂下這家早餐店。她想多陪伴兒子度過青春期，避免他誤入歧途，還希望藉此多賺些錢。

早餐店位置絕佳，人潮絡繹不絕，「有時候遇到一些客人讓我很抓狂，比如說，客人已經在趕時間了還點蘿蔔糕，蘿蔔糕要煎很久啊！然後客人就一直催，快一點、快一點……我會忍不住回客人：『那你要不要點別的，這邊有三明治，你趕時間拿了就走，這樣不是更快。』客人卻說：『我就是想吃蘿蔔糕啊！』我立刻擺出一個臭臉。來早餐店幫忙的媽媽，就會跟我說：『啊，你嘛賣阿捏！』然後跟客人陪笑臉：『沒有關係啦！我們趕快幫你煎！』」萍姊的媽媽一直在身旁支持她，幫助她，鼓勵她，當她的最佳後援。

兩年後，租約快到期，她心想，兒子已上國中，不用再時時看顧，她對早餐店也十分厭倦，決定不再續約，再次面臨轉換工作。

這時老公意外發現一直以來都被萍姊攔截的銀行帳單，他勃然大怒！不敢相信她居然會借錢給印刷廠老闆娘，還因此欠下百萬債務，他懷疑是她賭博或投資股票失利，才造成這麼大的缺口，還不時拿這件事情來數落她，而萍姊的反應是，「我不會讓自己陷在這種難堪裡，我要趕快賺錢，趕快賺錢。」

開啟計程車職涯

萍姊先在附近找了一間專營機場接送的租賃公司，從清晨三、四點接機到深夜一點，一天八趟，跑車約十六小時，「有時候怕遲到，就在客戶家路邊睡兩小時就去接人。」拚命努力開車，卻要等很久才拿到錢，因為公司不是當月發放薪水，而是像對廠商般，一月跑車，三月才給錢，「開這種車的司機很辛苦，而且都是笨蛋，我也曾經當過那個笨蛋。」當時她對這行業還懵懵懂懂，不知道沒有職業駕照不能上路，公司一直哄騙她說：「你先開，考上駕照前這段時間沒有收入也不行啊！」她回想當初，不禁搖頭。

後來，公司抽成制度改變，收入越來越少，一趟前後來回四小時，只賺兩百元，她心想，「我還不如去麥當勞、便利商店打工，時薪都比這個高。」

已離職去開計程車的同事覺得她很認命地努力賺錢，勸她轉行當計程車司機。「那時候朋友偷偷把車借我開，我才上路不到半天就賺五百多了。」嘗到甜頭的她決定再一次轉行。

「什麼！媽，你要去開計程車？那你以後會不會也滿嘴紅紅地吃檳榔、抽菸啊？」大兒子聽到她的決定很吃驚，他三歲第一次搭計程車時，一上車，司機就轉頭咧開吃了檳榔的血盆大口，對他大聲問：「麥去兜？」兒子當場被嚇得大哭起來，從此就一直很不喜歡計程車。

萍姊跟兒子說她加入的車隊是有制服、有管理制度的，不能吃檳榔，「而且開計程車比較好賺錢。」兒子回：「真的嗎？」她說：「我賺給你看！」

她去考職業駕照時，筆試一次就過關，路考卻連連失利，「我考到主考官都認識我，跟我說：『你今天有信心嗎？下一次不會再看到你了吧！』」她知道這是一個可以賺錢，又有彈性時間照顧兒子們的工作，所以她堅持不放棄，接連考了十二次才終於通過！

這一次她的職涯終於穩定下來，除了基本開車收入外，她還發揮自己的日語專長，增加收入，她說：「失去就失去了，當做玩股票賠了錢，我覺得人活著就好了，活著就有希望。」

萍姊因為有日語基礎，當她遇到日本遊客搭車時，便能透過溝通創造更多載客機會，「我常在載日本客人時跟他們聊天，有時候原本只是短程要到火車站，後來變成包車直接去觀光景點。」這些日本客人回國後，只要有朋友來台灣玩，也都會推薦坐她的車，她不僅收入增加，更樂在其中，「開車很好玩，我喜歡跟人聊天，如果沒有開車我不會認識這些人。」

還有一位美國的商務客，因為十分滿意萍姊的服務，之後每年到台灣都指名她接送和包車出遊，除了車資外，還會額外給她一筆小費，說是要給她媽媽。有一年，她因為遲了一星期還沒回覆這位客人預約接機的mail，對方居然打電話到往常住宿的飯店，請飯店人員協助確認她是否平安。她聽到感動萬分，能與外國乘客建立情誼，而遠在地球另一端有人這麼關心她，這都是她之前難以想像的事。

「我開計程車後常有個感慨，要是早一點來開就好了，可以早點脫離困境。」過去萍姊忙著賺錢還債和照顧家庭孩子，沒有一絲空檔，現在她透過在車上和形形色色的客人對談，找到自己人生的新價值。

孩子是我的動力

某次過年，萍姊載著一位律師前往機場，得知對方要去日本看老婆孩子。因為望子成龍，所以送孩子到日本唸書，老婆對孩子的要求很嚴格，造成相當大的壓力，導致孩子有些狀況，他擔心出事，所以趕緊飛去看看。

這讓她想到自己的孩子，小兒子從小有學習障礙，一開始她無法理解，還把兒子送去安親班補習，婆婆也唸她：「又不是很會賺錢，還花那麼多錢！」

直到老師跟她說：「你兒子很聰明，只是腦部某些結構與功能未開發，所以潛力沒辦法發揮出來。」她便趕緊帶兒子去看醫生並開始吃藥。但婆婆覺得孫子都只吃藥不吃飯，認為是「大隻雞晚啼」，不需要小題大作而停藥，她當時也只能順著婆婆的話，「我覺得兒子會這樣是我的疏忽造成，這件事一直是我心中的遺憾。」

後來，升小五的兒子遇到嚴格要求成績的老師，家長日上的名言是：「成績不好就是懶，世上沒有笨小孩，只有不努力的小孩！」小兒子被逼急了，開始以各種理由排斥上學，她覺得事情嚴重，想找校長談轉班，後來聽取輔導主任建議，讓兒子轉念特教班，經老師因材施教後，情況才終於好轉，「他以前成績都是吊車尾，去了特教班後第一次就考六十八分，我太高興了，馬上湊錢帶他去買新鞋。」她想著兒子當時的笑容說：「我那時候發現，小孩子不是不會唸書，只是要用對方法。」

聽到律師談起在日本的孩子，她也分享自己的故事，並說：「何必讓小孩這麼辛苦，你是生他的人沒錯，但未來的日子是他自己的，如果他被逼急了有個萬一，那要怎麼辦？你們就讓他自由自在地長大吧，我們當家長的讓孩子開心就好。」這段話，讓律師突然醒悟，他感激地說：「今天坐你這趟車太值得，給我的人生上了一課，你說的對，我的孩子不快樂，這次我會好好跟老婆小孩聊的。」下車前，他拿出一千元的小費給萍姊，說：

「我是一位律師，平常我的諮詢是要收錢的，今天我聽了你的故事和建議，也要付你諮詢費。」

因為開車，萍姊重新找回了自己，「現在別人肯定我、重視我，我很喜歡這樣的感覺。」也因為經濟得到改善，生活步調慢了下來，多了許多跟孩子相處的時間，「兒子之前在新竹念書，還要我去新竹接他，我雖然嘴上唸了他幾句，但其實心裡很開心。」提到兒子，她臉上的表情都飛揚了起來，「很慶幸孩子都跟我很親，讓我覺得再怎麼辛苦都值得了。」

她跟正在念大學的大兒子提到自己要開始存養老金的事，兒子跟她說：「你煩惱什麼，存什麼養老金，等我畢業就開始賺錢養你啦，你不用擔心這個。」她聽了，感動到紅了眼眶，嘴上還是跟兒子說：「你跟我講這個還太早，只是講給我爽的而已。」兒子卻像是承諾似地說：「我是說真的，我不會讓你一個人！」這一說，讓她偷偷躲回房間掉淚。

「我做很多事都是先想到孩子，他們是我的動力！」雖然過去的生活十分艱辛，工作換了一個又一個，而她的每個決定都是為了孩子。萍姊承襲了自己母親那顆善良的心，和細膩的關愛，將偉大的母愛發揮得淋漓盡致。

萍姊給讀者的話
跌倒了，要勇敢地站起來！任何人都可以放棄你，但你絕不能放棄自己！

05 去完成你人生的最後一項任務吧！

「其實顏色是根本沒有染上布的，你把一根紗放大成兩千倍，用放大鏡去看，裡面有很多裂縫，讓它在高溫一百度以上的環境，再視染料顆粒大小適當鑲在裂縫中……。」一談起劉大哥前半生的專業——紡織工程化學，本科出身的他，一出口是連內行人也無法輕易跟他辯駁的專業分子化學，「那時候很多廠商都會來問我問題，以防止營業損失。」他用著沉穩的音頻、微緩的說話節奏，讓人慢慢的進入他的故事中。

堅持不低頭，堅定自己的信念

早年劉大哥在紡織業耕耘，那個紡織業興盛的年代，貿易量大、金額亦高，業內常聽說有員工從中收取回扣。而身為研發品管的他，也常有人對他施以各種利誘，因為掌管第一線的第一道關卡，要用哪些材料、哪些布料可以過關，都需要通過他謹慎的嚴格分析，但他堅定自己的信念不低頭，只做對的事。

不過，這卻間接影響到其他人的利益，成為別人眼中釘，甚至被威脅「不准把這件事情（收回扣）說出來！」他心想，管得了自己，管不了別人，別人如果沒有這樣做，可能就無法生活，所以他讓自己退到一旁。

後來，因紡織貿易公司要前進大陸，他為了家人而選擇不跟進，換到另一家紡織工廠上班。

沒想到狹路相逢，他又遇到同一位習慣收取回扣的人，他暗地知道新公司老闆也答應讓對方收取回扣，不過，新公司老闆不是省油的燈，跟對方談好條件，這批貨如有任何問題，對方要自行負責。

結果，這批貨真出了狀況，老闆要他前往驗貨，果真品質太差而未能過關，這時對方卻想要賴不負責，老闆一怒之下直接找上對方老闆，談到先前跟對方談好的條件，對方立刻遭到開除。

這樣的「業內文化」不勝枚舉，在業界數十年的劉大哥不禁思考：「為什麼我們工作要一直反覆地心靈糾結，要跟某些人鬥，要防某些人？」

厭倦了長年來公司內的勾心鬥角，「所以我乾脆離職，把手機換掉，讓他們連絡不到我。」他轉而從事「不需要靠老闆就能生存的行業」——計程車司機。

兒子阿文曾問他：「爸，你為什麼要開計程車？」這句話傳達出社會大眾對計程車司機的觀感，那個「逼不得已去做的職業」。他回阿文：「當計程車司機有什麼不好，自由自在，我管好我自己就好，而且我可以找回自己的尊嚴。」剛上大學的阿文也曾擔心地問：「爸，我需要去打工嗎？」他回不用，但心中暖暖的，劉大哥微笑地跟我說：「這個孩子一直都很貼心。」

那個萬一發生了！

二〇〇一年，就讀宜蘭大學二年級的阿文，在期末考結束那天的午前時分，騎著摩托車返回租屋處。像是習得老爸開計程車時找車少小巷的熟練技巧般，他沒走直線的大馬路，繞進一條車子較少的小路中，約不到一公里的路程，當他行進到一個米字路口時，與一輛摩托車對撞而摔落在地。

當時劉大哥正在台北松江路附近跑車，接到老婆驚慌打來的電話，第一個念頭是「那個萬一發生了！」過去他常跟阿文說：「我們人會活著是那個萬一沒發生。」回憶當年那個接到電話的時刻，千頭萬緒閃過腦海，情緒恍若回到當下，他更加緩慢地說著，「萬一來了，真的來了。」

那時，身為一家之主的他只能沉著趕去接老婆和女兒，老婆上車後冷靜地說：「好像很嚴重。」他心想：「還好，老婆沒有慌亂。」他們一路趕到宜蘭的醫院，阿文已在加護病房內。看著瞳孔放大，完全無法說話，以人工呼吸器呼吸著的阿文，他知道這不是一時半刻可以處理好的事，於是馬上再載女兒回台北收拾換洗衣物，心中盤算著等會要如何到車禍現場蒐集證據。

再次回到醫院後，劉大哥讓女兒去照顧阿文，自己跟老婆到車禍現場的米字路口。因為距離車禍發生已過三個多小時，現場只剩地上標示的撞擊點，他們先是查看路口紅綠燈況並聽現場人們的對話，對於車禍事實有了大致輪廓。

那天的天氣炎熱，柏油路面炙熱燙人，車禍現場有路過的年輕女子拿出陽傘為阿文撐傘，根據女子和路人的證詞，阿文倒地後有一度爬起身坐起來，但馬上又倒下，吐了滿地鮮血，這一倒，就再也沒醒過來。

救護車將阿文送到醫院約三十分鐘車程，到院時已是重度昏迷，醫院立刻進行插管急救，以強心針勉強恢復心跳，以人工呼吸器讓阿文暫時恢復了呼吸，但昏迷指數是最低、宣告腦死的三，「我要求醫生，不管任何代價都要救活他！」

但醫生不敢動刀並解釋說，因為阿文的腦幹已經破裂，腦內持續出血，讓腦室沒有空氣，腦壓相當大，這時候只要劃上任何一刀，會讓血全部直接噴出來，人就會直接死在手術台上。

這時候的劉大哥看著阿文，什麼都做不了。

在院方委婉的「暗示」下，他開始思考「什麼是對大家都好的事」。他心想，醫生現在也不開刀，而從車禍到送到醫院，阿文至少已死了三十分鐘以上，護理師曾兩次在他面前拿下阿文的呼吸器，不過兩分鐘的時間，阿文就沒了呼吸，重新戴上呼吸器的那刻，他知道，阿文已經無法自己呼吸了。

劉大哥抽起桌上的衛生紙，迅速擦去從鏡框滑出的兩行淚，抽咽說著：「我之前為什麼沒去大陸，為什麼想做一個自由的人，就是在防備這樣的事。我從有了這個家，就努力守護我的家人，我們買單層單戶的房子、買保險、裝鐵窗，盡可能把所有不安全的因素排除掉，時時刻刻愛護這個家，但它還是發生了。」

隔天，阿文的肺部發炎，肺部功能將慢慢喪失，心血管循環系統會隨之衰竭，也代表生命的逐漸消逝。

醫生再次提出了器官捐贈的委婉說明，這讓他陷入思考，「既然都要死了化成塵土，為什麼不能把阿文這樣年輕健壯的器官捐出去，為什麼不讓另一個人重生。」他知道必須要做決定了。

理性上，他知道他該放手；但情感上，他真的無法。

「這種事情，我一點都不敢讓我老婆去決定，因為她沒有辦法承受。尤其是自己的兒子，我不能做但又非做不可，這是一件非常痛苦的事，那種愧疚感，我自己承擔就好。」他哽咽說著，拿下眼鏡，止不住淚水氾濫。

器官捐贈需要兩次腦死判定，醫生第一次判定時，「我不敢看，躲到另一個房間等。」

事發第三天，腦部出血依舊沒有消退跡象，醫生進行第二次的腦死判定後，器官移植小組和院方開始準備器官摘取手術，把阿文從加護病房推到手術室的過程中，他把頭靠向阿文，親吻著兒子的額頭，「那是他國中時，我們父子就常玩的遊戲，我只要抱著他，就是一直親一直親。」劉大哥臉上帶著淚，回想起父子倆間的小祕密，嘴角微微上揚。

「手術出來後，我雙手撫摸著阿文的臉——是冰的。」他像是感受到當時手上的寒意，忍不住再次哽咽。

隨後，器官移植小組拿著一個類似冰桶的物品站在他面前，他們沒有說話，只用眼神示意，他知道這是阿文的心臟。

他說：「去吧！去完成你人生的最後一項任務吧！」說完，他泣不成聲。

回憶當年的一景一幕，劉大哥恣意讓眼淚流下。當年的他，扛起一家之主的重擔，從事發當天開始，不論是車禍的場勘分析、器官捐贈的決定、醫院及喪葬事務，以及老婆女兒的安撫照顧等，他四處奔波、理性處理，即使有淚也不敢多流，直到那一天，「我在整個喪禮結束後，哭出來了！」他將疼愛兒子的心，轉化成堅毅的力量，支撐著家。

小蝦米對抗大鯨魚

「有時候真的會怨恨所謂的命運。」

事發後，劉大哥向對撞的對方提告，一審開庭時，證人指出車禍是因為雙方都闖紅燈導致，雖然他相信這是可能的，但現場沒有任何證據足以證明，此外，他發現阿文摩托車中間正下方是凹進去的，可見撞擊當下的力道，清楚可知撞擊點就在此。

萬事謹慎以對的他，每天到車禍現場的米字路口，觀察那個只有上下學時間才會正常運作的六個紅綠燈，計算著每個燈的秒數及路口的路況，企圖拼湊車禍時的蛛絲馬跡。

與阿文對撞的是一位五十八歲、即將退休的公務員，無照駕駛，且用已報廢的輕型機車車牌，掛在車禍時騎的重型機車上，事發後不曾去看過阿文一眼。劉大哥私下得知對方是當地的地主，大學附近有許多房間出租給學生，劉大哥先聘用當地律師，對方馬上知道是誰，雖然他趕緊換了律師，但自始至終就像小蝦米般對抗著。

從一到三審，法官都採用對方及證人的說詞，採不起訴處分，但因對方曾私下跟他說：「所有的筆錄我都有。」這句話讓劉大哥對證人的說法存疑，在沒有任何事證的情況下，他不服，再提上訴。

一方面，劉大哥常常一早就到車禍現場勘查，直到隔天凌晨兩、三點，計算出三個紅綠燈的時間差並做出循環圖；另一方面，每次出庭回家後，他立刻整理當天庭上肇事者及證人每一句說詞的紀錄，忙到半夜還在打草稿，準備開庭資料等。

他不斷交叉比對，試圖找出對方的矛盾點，後來他發現，一開始對方說不認識證人A，但在分開的偵察庭時，證人A卻說認識對方。此外，另一位證人B曾說對方「人家都叫他『阿明』」，他直覺證人與對方熟識，因此開始蒐集各項相關事證。

劉大哥氣憤地說：「他（被告）怎麼可以用他的關係去處理這件事！我要比惡魔更惡劣，才能贏他。」最後，他發現證人B的爸爸跟對方是同事，而且證人B的叔叔承包了對方在公務機關中負責的工程，加上證人C曾說過，從沒見過證人B在車禍現場出現，他更確信自己的想法。

最終審時，檢察官分別訊問證人後，劉大哥在法庭上要求證人B，在依據證人B的供詞所畫出的事發現場圖上簽名，以示供詞正確。證人B聽到要簽名，突然心虛了起來，說自己看不懂這張圖，所以不簽，但證人B就住在事發現場的一百公尺內，不可能看不懂。於是，他知道紙包不住火，當庭翻供，承認之前的證詞造假，實際上只看到對方闖紅燈，並沒有看到阿文是否闖紅燈。

終於，法律還給阿文一個公道，法院依據其他證人的說詞並比對事證，將對方判刑，對方也因此丟了公務員身分。

這段時間，為了不讓因兒子離世而患憂鬱症的老婆想起有關兒子的事情更加難過，劉大哥白天在外跑車和採集事證，晚上等老婆入睡後才開始準備出庭資料，官司一打三年多，每次出庭都是一次強迫回憶的痛苦揪心，幸好終究是為兒子伸張了正義，老婆也在他悉心照顧及教會的力量下，走出憂鬱症的陰霾。

勝於心肝，六人重生

「我有時也會想，我不是神，憑什麼替兒子做決定。但我知道捐贈器官，能讓他的精神再延續下去。」當年，劉大哥捐出阿文的腎、胰、心、肝，他將勝於自己的心肝寶貝捐贈出去，讓六人能因阿文而獲得重生。

「阿文的肺因為當時已經發炎，所以沒辦法捐，至於眼睛，他媽媽不同意。」劉大哥帶我到阿文的房間，牆上的照片是阿文舞蹈比賽時一身閃亮銀白服飾的帥氣英姿，那雙就像韓國歐巴的單眼皮相當迷人，我想到身為母親的捨不得，這對炯炯有神的雙眼是她一輩子的寶貝啊。

劉大哥翻出受贈者們的卡片，其中有單親媽媽、原住民朋友、剛會寫字的孩子及年幼孩子的父母所寫，「感謝您捐贈器官給我，讓我有了生存下去的意念，不再消極，對人生又充滿希望。」「雖然不知道您是誰，但是我們萬分感謝您無私的大愛，在身心俱疲的時候，讓我們看到了希望。」

「我現在想著等我跟老婆死了，要把我們三人的骨灰放在一起，我還在研究用骨灰做成鑽石的鑽石葬。」我想這就代表著「鑽石永流傳」，將愛永遠流傳下來。

阿文房間內所有物品都原封不動置於原處，八年來的灰塵已積累在書架上，翻閱著學校頒發的榮譽畢業證書，同學們把對阿文的思念一人一段寫在卡片上：「阿文是我的室友，打呼很大聲的他，超級貼心幫我們幾個室友買耳塞，也常常講笑話讓寢室很歡樂。」「阿文是一個開心果，他是一個很棒的人，他一定不希望我們為他難過太久，從現在開始我們一起用微笑回憶他。」貼心的同學們還在隔年的母親節寫了一張大卡片，代替阿文祝福媽媽母親節快樂。

我看著每一段文字，可以想見阿文在班上及社團的好人緣，當年的開心果，現在用另一種方式，將他的笑容延續在這世上。劉大哥仍紅著眼，展露微笑地跟我說：「他能成為我的兒子，我很高興。」

劉大哥給讀者的話

培養自己的思維模式，去做對世人有益的事，成為社會和諧的因子。雖然像是浪漫理想主義，但慢慢地整個社會持續往前邁進，每個人會因為你的決定而不同。

我就是你的眼睛，我就在你眼裡

「你到了啊！」正站在半敞開大門前張望著核對地址的我，被屋內傳來的問候聲嚇了一跳，「大哥，你怎麼知道我來了？」我一邊往大門內走進，一邊看到坐在客廳的王鶴亭大哥笑著說：「我現在對聲音很敏感的。」

走進他一塵不染的家中，迎來的是像藝術品般精心準備的五彩水果盤——紅的草莓、綠的芭樂、黃的橘子、白的水梨，牆上多處點綴著筆觸細膩柔美，帶著豐富情感的水彩畫。

「歡迎歡迎，來吃點水果！」大嫂從屋內走向客廳，熱情招呼著我，膚質白皙，身材曼妙，穿搭優雅，歲月幾乎沒有在她身上留下痕跡，全身散發不凡的氣質。

我好奇牆上的畫作，大嫂解釋說：「這些都是我上社區大學畫畫課的作品。」我驚訝那一幅幅細膩如名家的筆觸，居然出自第一次學畫的她。她開心介紹每一幅畫作，而我也在其中看到了他們倆年輕時的身影。

「我們是二十二歲時在家庭舞會認識的，當時很多人追我，但我看他穿著一身中山裝，梳著中山頭，覺得很老實。」大嫂的個性活潑，在舞會上主動與他交談，開啟了這段緣份。

「他那時在基隆海軍當兵，有時候一、兩個月才回來一次，有一次他回來，我一見到他，發現他把中山頭剃光了，那顆光頭再搭上他一雙像外國人的棕色眼睛，真是帥啊！」雖然舞會後，兩人都彼此有好感地持續互動，但眼前的這個人，不論是內在的敦厚誠懇，或是外在的精壯帥氣，大嫂都完全被他吸引住了。

他的兩位姊姊都住在美國，父母過世後，他就隻身在台灣，沒有太多親朋好友的鶴亭大哥，也因此與她的關係更加緊密，兩人相識五年後步入禮堂，大嫂笑著說：「其實結婚也是我提的，我跟他說，我覺得我們真是絕配啊！」於是，兩人攜手邁入人生下一階段。

老天關了一扇門，也開了一扇窗

在台灣快速發展的一九八〇年代，政治上歷經解嚴，經濟起飛成為亞洲四小龍之一，「台灣錢淹腳目」，當時市場一片大好。他二十九歲開了木工廠，後來陸續經營過陶瓷工廠、塑膠工廠和音樂盒工廠，極盛時期曾帶領員工數百人，成為台灣經濟奇蹟中的一環。

一九八〇年代後期，大陸的低勞力成本吸引許多台商開始西進投資，許多工廠紛紛移至大陸，且多以「台灣接單、大陸加工生產、產品外銷」的經營方式，許多公司因為成本減少許多，所以同步調降價格以利市場競爭。鶴亭大哥的音樂盒工廠受此衝擊，在仍全面依靠台灣人力的運作下，成本較西進的公司高，營運情況大不如前。他幾次至大陸勘查，考慮是否要隨其他業者一般，將工廠也移至大陸，但最終考量大陸整體環境不佳，放棄了西移工廠的念頭。

二〇〇〇年是台商赴陸熱潮的第三次高峰，當時的他面對著僅剩的五名員工及公司每況愈下的狀態，思考著下一步該怎麼走時，一路跟著他的員工們先開了口：「老闆，別做了吧！」無奈之餘也感激這些員工的不離不棄，陪著他一起將音樂盒工廠收尾關門，結束二十多年來的創業生涯。

而這些日子裡，陪著鶴亭大哥經歷大起大落的，是背後最重要的女人——鶴亭大嫂，她白天是一名基層公務員，下班後就是工廠的一分子，打點鶴亭大哥沒留意到的一切大小事。在聖誕節的音樂盒旺季，跟著一起忙到半夜，然後直接睡在工廠的地板上，「最拮据的時候，曾經一家四口一天只有一〇〇元的菜錢。」為了不讓鶴亭大哥擔心，大嫂不曾跟他提過，而是自己咬牙苦撐，只希望努力讓一家大小能好好生活。

雖然大嫂沒說，但身為一家之主的鶴亭大哥從不卸責，在結束工廠後，他一心一意想趕緊轉行，賺錢養家，也希望彌補過去開工廠時，常常忙碌到沒有時間陪伴家人的日子，於是他選擇了可以每天增加現金收入，又能自由掌握回家時間的計程車司機為業，從二〇〇二年起，一開十七年。

因為過去的營運管理背景，入隊一年的他成為了幹部，每位司機入隊前他都會一一懇談並記錄，入隊後適時提供關懷及慰問，他談到會選擇計程車這個行業的人，背後各有各的故事，而許多是被社會遺忘的人，曾有司機滿懷感激地對他說：「很難得有人這麼關心我。」他用敦厚誠懇的心，一路陪伴、關照著司機們。

聊起新進司機，鶴亭大哥說：「他們就像一張白紙，幹部對他們的影響很大，要以身作則。」而談及成為好司機最重要的關鍵，他說：「我們就是開車，要把車體、人體都打扮好，司機提供服務，做好服務不是困難的事，嘴角上揚就成功了一半！」他說的是件簡單的事，但能將一件簡單的事，持續地做好，就不簡單！

鶴亭大哥在車隊一路升任司機總督導，並主動成立「運轉手社團」，它是樂活社及暖心會的前身，以「我為人人，人人為我」的精神，關懷司機並安排志工司機參與公益活動。鶴亭大嫂退休後，也跟著他一起積極參與，如樂活社的「特教生走出戶外活動」、麥當勞叔叔之家的「活力補給日」等。

「做好事，心裡就是快樂的。」鶴亭大哥不僅帶著司機們做好服務，也帶著他們做滿愛心，而夫妻形影不離的濃密情感，是令眾人稱羨的一對神仙眷侶。

人生放慢

就在一切積極而順遂的日子裡，萬萬沒想到的是，老天爺又給了他一次挑戰。

去年初，原本就有糖尿病的他，突然發現左眼外圈的虹膜似乎有點混濁，視線變得有點模糊，於是到一間市立醫院看診。反覆看診吃藥約兩三個月，他覺得越來越不對勁，因為慢慢的，雙眼都開始看不到了。

經朋友介紹，他到知名眼科診所，醫生一看覺得病症已相當嚴重，不是一般診所可以處理的，趕緊協助轉診至大型醫院，結果發現在他腦內的視網膜——下視丘路徑跟神經之間，長了一顆腫瘤，所以才看不到，當下就安排過年後立即開刀。

在家人的陪伴下，鶴亭大哥住院接受手術，醫生開刀從他的腦部取出腫瘤切片，以便檢查是良性還是惡性。但手術後，醫護人員前來致歉，表示切片太小，無法判斷，需要再進行一次手術。

一個月後的第二次開刀，因為腫瘤已從之前的〇．三釐米變大到十五釐米，所以醫生決定直接從鼻子切開取出整顆腫瘤，防止未來越變越大。

手術結束後，麻藥退了的他，開始覺得不對勁，慌張地喊著：「我怎麼看不到了？」醫護人員對這個狀況也感到驚訝，趕緊前來檢查，最終由醫生診斷確定雙眼已經失明，但原因不明。

面對這個消息，一向樂觀開朗的鶴亭大哥完全無法接受，大哭一場後，難受的心情讓他變得沉默不語，全家的生活也跟著變了調，過往一個平凡不過的倒水或上廁所動作，都顯得緩慢且困難重重，不僅無法再開車，連走路都可能突然跌倒，而因為看不到，他對聲音變得很敏感，連平日疼愛不已的孫女在一旁玩樂的聲音，都會被他大聲斥責太吵了，身心處於極度不穩定的狀態中。

他的大姊、二姊特地從國外回來探望他，「你沒問題的！現在開始，什麼都放慢，好好感受生活。」這句話，讓他有些醒悟，或許這正是老天的旨意，要他放慢生活的腳步。

鶴亭大哥緩慢但逐步地開始與自己和解，他告訴自己，雖然雙眼看不到了，但他還能感受到家人的溫暖，感受到妻子一直在身旁的支持力量。從兩次手術到出院回家，鶴亭大嫂一路堅強地陪伴著他，包括住院的時刻關照、出院後每月的三次回診，以及家中一切生活起居。

大嫂一方面承接他起伏不定的情緒，不時安撫著他，一方面引導他練習生活所需的路線及動作，時刻關注與失明相關的資訊，並到圖書館尋找如何陪伴失明者的書籍，希望更了解他的心理狀態，學習陪伴者的知識與方法。

「我在圖書館遇到一個失明十年才走出來的人，他鼓勵我，堅強地陪在他身邊，總有一天他會走出來的。」大嫂噙著淚水，握著鶴亭大哥的手，話語堅定地對他說：「不管怎樣，我都在你身邊，我就是你的眼睛，我就在你眼裡。」聽著這番話，鶴亭大哥的眼淚奪眶而出。

剛出院的那段日子，大嫂每個夜裡都躲著他偷偷哭，「我只要想到，他以後都看不到我的臉了，就停不下眼淚。」他一聽，立刻緊緊握住大嫂的手，「這個我也想過，但沒關係啊！我記得的，都是最美麗的你。」鶴亭大哥流著淚緊緊摟住她顫抖不已的肩膀，深情的愛已無須言語。

一家人在一起，就是最美麗的風景

「他是一個太好的人，心胸寬大又正向思考，只會說別人的好，不會說別人的不好。」大嫂這麼形容他。術後至今已近一年，前來探訪的同事們都說，他的氣色好轉許多，情緒也較平穩。我看著大哥的孫女跑來跟他撒嬌，還幫他拿好可能需要的抱枕和遙控器，他跟孫女的對話及表情，就如每一位疼愛孫女的爺爺。

採訪接近尾聲，我忍不住問他們，會不會對當時執刀的醫生感到生氣？大嫂立刻回說：「不會啦！醫生從頭到尾都很仔細檢查，也非常幫忙，後來回診時在電梯遇到他，他馬上認出我們，還協調安排了許多事，我們其實很謝謝他，現在都成了朋友。」鶴亭大哥在一旁也跟著點頭，「其實，最後腫瘤確定是良性的就好了，至少沒有其他不好的東西在身體裡。」雖然經歷這些苦難，他們夫妻倆卻能快速地回到樂觀正面的心境，我想，這正是多年潛移默化累積而來的。

現在他們每天都牽著手到公園散步，「以前覺得牽手容易出汗，所以我們都不愛牽手。」他笑著說，大嫂也回應：「我就跟他說，老天一定是覺得我們以前太少牽手了，所以現在要天天牽，牽緊緊！」他動作自然流暢地牽起了她的手。「我們現在連半夜起床倒水喝，在餐桌遇到時，還會抱抱彼此，說聲愛你呢！」大嫂說著，我轉頭就看見他幸福的笑容已堆滿臉上。

在和諧的家常氛圍中，大嫂想起昨天跟兒子、女兒、媳婦、孫女們及大哥，聚在這客廳裡閒話家常的畫面，「我覺得，一家人在一起，就是最美麗的風景！」鶴亭大哥以認同的微笑呼應著。

鶴亭大哥給讀者的話

微笑就是我們的一切力量。

鶴亭大嫂給讀者的話

要相信以後一定會很好！走出去時一定要把胸膛挺起來。

第二部

掌握方向，精彩人生

七十元魔法打造人生的運轉手

在彰化高鐵站搭上計程車前往二林鎮，沿路的景色從四線道大馬路，慢慢變成寧靜少人煙的鄉間小路。車停在一座宮廟前，幾位白髮斑斑的地方長輩正在廟前廣場喝茶聊天，看到外來車停在此處，紛紛停下手邊動作，疑惑地望向我這外地人。我四處搜尋康世能大哥的身影，對面的三合院掛著招牌「大永社區食物銀行」，周邊除了幾棟簡單的民宅，只有一望無際的農田和果樹。

「這裡！」聲音來自斜對面的鐵柵門旁，康大哥滿臉笑容地走來，他穿著紅色 polo 衫及藍色牛仔褲，及肩的長髮已白，卻是四散奔放，一身活力十足。眼前這位好似美國西部牛仔的人物，與我之前查看資料時，在雜誌封面上看到短髮、油頭、白襯衫、西裝的他，判若兩人！

康大哥向廣場的長輩們點頭招呼後，引我往鐵柵門方向走去，國小大門般的柵門還沒拉開，裡頭的黑土狗就興奮地搖著尾巴直撲而來。走進門內，映入眼簾的是一座灑落在陽光下的三合院，灰色屋頂、藍色屋簷、黃色木門、紅色磚牆，配著白色石柱，正廳那仿青石的「京兆堂」以及護龍上金字紅木的牌匾鑲嵌於門上，雖是色彩繽紛的妝點，整體看來卻意外地融合，顯現出特殊的古意。

這裡是康大哥的家鄉，在台北打拚了將近五十年，發現自己的視力開始退化時，他決定回鄉開農場圓夢，家鄉有高齡一百零二歲的媽媽等著他，陪伴的時間是不能再等了。「我原本預計五十五歲開農場，後來生了兒子，所以延後十年，哈！我還問我兒子說，你可以自立了嗎？兒子說可以，我就回來了。」

月賺數拾萬的人生第一高峰

康大哥是當年家鄉務農子弟中少數的大學生，畢業後他當過業務，之後幫助岳父經營紡織原料廠，負責外銷市場。台灣曾是世界知名的玩具王國，工廠專門製造玩具髮紗這項獨特產品，在一九八〇年代經濟起飛時期，每個月平均營業額高達六百多萬元。他才三十多歲就累積了不少財富，十年後便不再上班，靠著之前賺來的錢投資股市過生活，吃喝玩樂了四年。

直到某天，國小五年級的女兒拿著學校作業，困擾地問他：「爸爸，我要寫一篇作文，題目是『我的父親』，但我不知道你是做什麼的？」他本想回答「自耕農」，但這對在台北長大的孩子來說難以理解，於是就讓女兒寫「餐廳老闆」。他那時心想，已經玩四年了，不如找點事情做，於是頂下台北世貿中心附近的一家餐廳，真的當了餐廳老闆。

一開始餐廳人潮鼎沸，尤其位處市區精華地段，高階商務人士來往多，不僅營運狀況佳，人脈也累積豐盛，直到一九九八年基隆路地下道開通，人潮轉向，經濟命脈斷了，只好認賠賣掉餐廳，轉至中山北路一帶經營卡拉OK店。靠著過去的營運經驗與天生的商業頭腦，生意如日中天，越來越多朋友圍繞著他，出門吃喝玩樂常常都由他買單，有時一頓晚餐就花掉好幾萬元。

二〇〇一年發生九一一恐怖攻擊事件。美國證交所在當週緊急關閉，股市重啟後更是止不住的狂跌，台灣股市也受到波及，每天跌停板，讓一向大手大腳投資的康大哥幾千萬元的融資付諸流水。店關了，錢沒了，不僅負債滿滿，還有一家六口嗷嗷待哺。

他雖然崩潰、慌張又焦急，但他沒有時間思考，因為念研究所跟大學的三個女兒以及才十歲的兒子，總共十萬元的學費急著要繳，得趕緊四處籌錢。他先找過去跟他借錢的朋友，希望他們還錢，但是借出的錢總是很難再拿回來。

他想到幾個稱兄道弟的好友都相當富有，十萬元這個數字根本不放在眼裡，就像打水漂般無感，先跟他們借來讓孩子們繳學費註冊絕對沒問題，於是第一時間跑去找他的拜把兄弟。

「兄弟，我小孩要註冊，你可以借我十萬元嗎？」

對方一口回絕！

康大哥驚訝、生氣、失望、難過，沒有想到會借不到孩子的註冊費，更沒想到的是，幾十分鐘後，他接到對方的電話：「兄弟，我現在在酒店喝酒，你要不要過來？」

他聽了立馬掛上電話！

「這什麼朋友，寧願把錢花在酒店，也不願意借給我幫孩子註冊。」他以為對這些朋友好，自己也會收到相同的回報，但這一刻才發現，「落魄到谷底的時候，你才知道誰是朋友。人是很現實的，錦上添花的很多，雪中送炭的沒有，沒有！」

於是，他決定切割過去所謂的「朋友」，「我刪掉他們的電話，但我號碼沒換喔！有情有義的就會打來，無情無義的就很清楚了。」果然，過往的朋友們沒再找他，他大澈大悟，一切從零開始。

人生轉折主動面對

康大哥四十八歲轉行當計程車司機，因為沒車，跟車行租車需繳一萬元的保證金，翻遍家裡所有抽屜挖出零錢，才終於湊足保證金，繳完保證金後拿著鑰匙準備開車去賺錢時，車行老闆說：「等一下，車子裡面沒有油，你要記得先去加油。」他摸摸口袋僅剩的一千元，心裡揪了一下，花五百元加完油後，全身上下就只剩五百元了。

靠這五百元，他開啟了一條新的人生道路。

他拚命用時間換錢，每天跑車十二至十四小時以上，但是當時幾個乘客最多的大據點，如台北車站、知名KTV、大醫院……，都被勢力龐大的車行占據，外車是無法靠近的。他每天只能漫無目標地在路上跑，隨機路邊招攬乘客賺取收入，但左手進右手出，生活大不如前，甚至入不敷出。

今非昔比，心情糟到極點時，他就開車到金山一帶的「跳石海岸」，看著大海，心想：「現在就兩條路，一條是跳下海去，一條是擦乾眼淚繼續衝。」為了家人，他選擇擦乾眼淚，對著大海大吼幾聲後，轉頭開車回到市區繼續打拚。

開始開車的那段日子，康大哥很怕遇到認識的人。某個夜晚，他在中山北路一帶找尋乘客，當車轉進一條窄小單行道時，他看到了一位他開卡拉ＯＫ店時很照顧他的大哥，剛好站在前面攔車。他第一時間想倒車逃走，但後方有車開進來，他沒有退路，「我要不就是關窗直接往前開走，要不就是拉下窗主動打招呼。」他沒時間多想，只能直覺反應。

他拉下窗跟大哥打招呼：「大哥，你怎麼這麼晚還在這裡？」大哥驚訝地看著他，他直接說自己關了店，現在經濟狀況不好所以來開車。上車後，兩人聊了起來，得知大哥的父親過世，隔天是出殯日，他說：「大哥，您父親過世，我想說是不是去捻個香。」

大哥說：「好，走！」

車開到大哥家，他到靈堂前捻香致意後，大哥說了聲：「加油！」還給了他五百元小費。他當下清醒過來，「其實都是一樣啊！開車也是過日子，跟上班時過日子一樣。這樣一想，整個人就放開了。」

「我知道，這關我過了。」他接著說：「最難過的往往都是自己那一關，看你用什麼心態去面對工作，若是不認同自己的工作，就會一直做不好。」從此，他面對司機這個職業有了不同的想法和態度。

七十元的魔法打造第二人生

康大哥每天早出晚歸，收入僅夠維持生計，開車半年後，也不敢讓父母知道，「我怕父母親在家鄉被取笑，兒子都念到大學了還去開計程車。」他心裡也很不服氣，「我書念那麼多，怎麼可以輸給計程車司機！」後來，他發現癥結在於自己很多本事都沒有拿出來用。「就像布袋戲中的怪老子，經常被人追著打，但其實他的功夫是最好的。因為學了太多功夫，一下忘記要用哪一招，才會總是挨打，打到最後，別人說，你怎麼沒有用那一招，他才想到拿出那一招，馬上就把對方打敗了。」這就是他悟得的怪老子哲學，並開始運用在工作中。

某天凌晨一點多，他到華西街夜市排班，剛停下不久，就看到有兩位外國人要搭車，頭兩班車的司機比手畫腳半天都無法溝通，輪到第三班車時，他主動上前說明可以幫忙翻譯，這時頭兩班司機跟他說：「你會講英文，這個讓你載。」

他立刻接手載這兩位外國乘客到飯店，「原來會英文，馬上就有生意了。」乘客要下車前，他開口：「你們是來玩的嗎？什麼時候回去？」一問之下，得知乘客隔天就要結束旅程前往機場，而且還沒有預約接駁車，於是他主動出擊，自我推薦安排明天的接送，乘客欣然答應。就這樣，他施展怪老子之前未出手的一招「英文」，他說：「我當時的英文也沒有很好，但沒想到我這樣的破英文也可以派上用場。」之後他只要遇到外國人，就會主動攀談增加練習機會，也開始印名片發送給乘客。

「我那時想，一趟機場接送半小時就可以賺一千元，等於要在市區跑兩、三個小時，我不如好好經營這條線。」於是，怪老子的第二招出現了！他將過往開店時成本估算以及客群關懷的經驗投入在計程車的經營上，開始專注高消費的商務客群，並特意到各大型辦公大樓前候客。開車一年後，他已擁有三百位固定乘客，其中不乏多家公司高階經理人。

因為乘客多，需求也多元，康大哥覺得車隊擁有符合各式乘客需求的硬體，加上管理完善，司機都穿著體面的制服，所以開車一年多後加入車隊。「會開計程車的人，一種是不甘願但又不得不來開，一種是自願來開，但照著父執輩的傳統做法，他們講話雖然大聲，看起來很兇，但都是善意的。比起我以前看過的那些人，表面上跟你九十度鞠躬，轉個身，馬上在背後說你壞話，實在好太多了。」他覺得許多司機內在知識不足，所以他主動自發地號召訓練，傳授自己的開車心法。每天和幾位願意一起學習的司機約在咖啡廳，利用下午一點半的用餐時段，一來讓餐廳做第二輪生意，二來司機可以在休息之餘，互相交流。

「我要求他們用餐後休息三十分鐘，因為吃完飯血糖會上升，開車容易恍神，並不安全。在這段時間可以用來學習，我在旁邊提點，修正他們的想法跟做法。」他將自身經歷和多樣的怪老子招式分享給其他司機，「要獲得客人的信任，到最後變成朋友，甚至家人。」

康大哥最常傳達一個觀念：「要先認同自己的職業，你才會有熱情，做什麼、像什麼，把事情做好就對了。」他觀察到，「有些司機覺得自己以前是老闆，現在幫人家開車，從事低階的服務工作，一口氣吞不下去，這樣工作怎麼都做不好，而且常會跟客人吵架。」

〈把七十元變七千元的魔法運將〉就是他成為《天下雜誌》封面故事的標題，他說：「七十元是計程車的起跳價，我們的作為將決定後面的價值，有些司機載到短程客人就變臉，等於失去了下一次的機會。我很喜歡一首歌的歌名『但是又何奈』，我改為『等一下又如何』，很多司機都不喜歡等，覺得等就是浪費時間，但你多等一下，後面賺到的價值，可能還更多。」

開了十七年的計程車，康大哥不僅切身實踐了職業不分貴賤的精神，更努力轉變社會大眾對這個職業的看法，讓司機們重新定位自己。

開啟他的農場第三人生

「我在這裡很快樂，因為在鄉下沒有壓力，什麼都可以慢慢來，想做什麼就做什麼，自由自在。」康大哥六十五歲時退休回鄉開農場，一方面照顧媽媽，一方面為自己圓夢，另一方面，想為孩子們留下永續的資產。

在小鎮裡放慢步調的農場生活，迥異於在台北急促追著錢跑的日子，唯一相同的是「自我管理」。康大哥將過去自我管理的那一招應用在他的農場裡，「鄉下都是看太陽做事，一早就先到雞舍餵雞、去池塘餵魚，中午之前回來煮午餐，和媽媽一起吃，然後休息一下，傍晚再去農場做事，太陽下山就回家。在鄉下也是需要自我管理的，不然別人找你喝酒你就去，那也是枉然。」

他說自己最討厭事情做一半的人，「說得驚死人，做得笑死人」，在這片農場裡，說得再厲害都沒用，一切都是與大自然共生互利，你做了什麼，大自然就會回報你什麼，「我提供好的環境、飼料，這些雞鴨魚在好的環境下成長，就會養成好的經濟產物回報我。」

「我種龍柏、羅漢松這些是為了孩子，我不留錢，但我留樹給他們。」樹是永續的資產，「樹成材，才有價。」孩子們長大後，若生活無虞，樹就成為一家大小賞玩或休閒的天地；若生活困窘，樹也可以化為木材銷售，以供生活。或許因為自己經歷過那段「窮到要被鬼抓走」的日子，所以他替孩子們鋪好了路。

聽著康大哥說這番話，我腦海中浮現的畫面是這些樹，數十年後長成了大樹，樹蔭下兒孫三代共享天倫。康大哥想留下的，就是可以看顧著、保護著心愛孩子們的那份愛吧！

康大哥給讀者的話

要改變自己，創造無限人生。

08 是戲，也是人生

初見笑容滿面的林景立大哥時，感覺和螢光幕前的印象一樣——老實又正直，如果遇到困難，即使不認識他，也會毫不遲疑地向他求救，而且相信他一定會伸出援手。

「負面的角色我不接，二十多年來，我經常演警察，最喜歡的角色就是大愛劇場《草山春暉》中的林治南，這個角色真是太棒了，孝順、正向、又努力，可以激勵大家積極向上。」

景立大哥內心的正面能量，也因此深植觀眾心中。

獨自北上努力打拼

在雲林長大、不愛念書的他，國中畢業隔天就北上工作，住進媽媽陽明山的朋友家，每天到三重的鐵工廠當學徒。從陽明山到三重，需要到台北車站轉車，「這樣要兩段票，但我想省錢，就乾脆用跑的跑到山下。」為了省一班公車錢，他每天從陽明山跑到山下，再轉搭公車去三重。

「有兩次我忘記帶錢包，就直接從三重跑回陽明山……。我還有記錄時間喔！第一次跑一小時四十五分，第二次一小時三十五分。跑回住處後，衣服、褲子、襪子全身都濕了，走路都有腳印。」

在鐵工廠工作的那一年裡，親戚朋友不斷勸他繼續升學，於是他考了高中，開始半工半讀的日子。只是才升上高二，鐵工廠就因故關閉，他考慮是否要回雲林老家，「後來決定還是不要中斷學業，繼續讀書，至少要有高中學歷。」他就到表哥的塑膠射出工廠工作，也搬到表哥在新莊的家。

高中畢業後入伍當兵，因為當兵的同梯都是高中畢業，幾個要好的兄弟嚷著退伍後一起考夜二專，「我對念書沒興趣，但他們一直鼓吹，我就說：『好啦！考上就讀。』結果我們五個去考，只有我考上。」

讀夜校的他，白天依舊到塑膠工廠上班。當時許多塑膠工廠移轉大陸，大表哥也將大型機具等移往大陸，經營新的工廠，小表哥將規模縮小後的工廠搬到中壢。一開始，他還騎著機車往來泰山及中壢，但每天下班後趕著去上課，實在有點吃不消，於是開始找其他工作。

之後，景立大哥就在泰山的學校附近租屋，跟他交情很好的高中同學魏福興對他相當照顧，「我那時候就住一間很小的『雅房』，只有一張床、一張桌子，他和家人都對我很好，缺什麼就給我什麼，像是電視、衣櫃等等。」談起這位同學，至今仍十分感激。

開啟演戲之路

魏同學家中經營汽車材料公司，同學的爸爸知道他在找工作，便讓他到公司幫忙送貨，「送貨的空檔我就看報紙的求職欄，那時候看到應徵臨時演員，不知道是不是像人家講的，一天五百塊、然後領個便當那種，我很好奇，就跑去應徵。」

沒想到，一則小廣告開啟了他對演戲的熱情。

「我第一次接通告是拍《藍色蜘蛛網》，公司的人跟我約好當天晚上七點在泰山麥當勞碰面，我那時候很興奮，還沒六點半就到了。」慘的是，別說到了八點才有其他同事出現，一直等到九點，製作公司才終於來接他們到拍片現場——一個坐落泰山山上的三合院。

到了拍片現場還是繼續等，直到凌晨四點多才終於上工，「我演主角的酒肉朋友，跟另一位同事一起演喝得醉醺醺，走路顛顛倒倒，然後躺在椅子上說：『啊！哇謀醉啦！』」這樣一個鏡頭，因為導演需要不同角度取景，重複演了好幾次，三十分鐘的拍攝時間，實際播出只有幾秒鐘的鏡頭。

「拍戲的人生，其實一半以上的時間都在等。」在片場，他等過最久的是某次要拍過年播的存檔影片，一等就等了超過二十四小時。等待的時候，景立大哥便看書打發時間，除了愛看的漫畫、小說，還看完金庸作品全集，更把課本中能背的科目全在這種時間裡背完，所以雖然後來常因拍戲而請假缺課，但課業總能維持在前五名的好成績。

除了看書，臨時演員也像個現場助理，哪裡需要幫忙，一聲「喂！那個誰，你過來幫忙。」搬桌椅、搬道具，什麼都做，「等待的時間特別勞累，但只要一上戲精神就都來了！演員好像都這樣，哈哈！」他笑著說，骨子裡那熱愛演戲的靈魂浮現。

「那時候我很拚，白天有通告就去拍《藍色蜘蛛網》，沒通告就到魏同學家送貨；晚上先去上課，然後再拍《台灣靈異事件》。《台灣靈異事件》的通告都很晚，不是晚上十點就是半夜十二點，一直拍到天亮，一天常常只睡兩個小時。」

他之所以拚命拍戲，不只是喜歡演戲，還有現實問題。

「我從不跟家裡拿錢，房租等生活開銷都需要錢，因此我從不挑通告，人家找就去拍，半夜也拍，白天也拍。」傳播公司的老闆覺得他很勤奮認真，問他：「你是不是很喜歡拍戲？那要不要全職拍戲？」

看似好機會，但景立大哥並沒有馬上答應，「我只說考慮看看，因為臨時演員就像一個活道具、活背景而已。」以一場咖啡廳的戲來說，主角在鏡頭前演戲，而他可能就是別桌的客人，或是在後面走來走去的路人甲。

這樣演戲，一個月最多一萬五千元；如果有幾天沒戲可演，領到的就更少了，所以媽媽勸他還是找個穩定的全職工作，「我跟老闆說，暫時先全職拍，如果找到其他更好的工作我就會離開。」老闆知道他是為了生計，於是幫他排滿通告，「只要公司有通告，我就是第一人選。」沒幾個月，他成了全公司通告量最多的，再也撥不出時間找工作。

很快地，景立大哥升成了小特約演員，開始有一兩句台詞，會需要事先練習；當然了，這也代表薪資等級更高。「我常在拍戲現場觀看其他演員，想著自己什麼時候可以跟他們一樣，有比較重的戲分。」他下定決心要精進自己的演技。

「《台灣靈異事件》的劇本都是現場寫的，一印好立刻發給演員，真的是熱騰騰的！那些主角都很厲害，三張台詞現場背，不到十分鐘就能上場，我真的很佩服他們記台詞的功力。」他沒有機會去正規班學演戲，就在片場仔細觀察、學習前輩的演技，「我就在旁邊看，睡覺前回憶一下今天演的戲，思考下一次怎麼演會更好。」他的努力，也讓他開始接到中特約演員以上的戲，慢慢有比較多句的台詞，也需要走位、揣摩情緒等技巧。

「現場如果臨時丟劇本出來，我都會爭取台詞最多的，其他人都不敢，怕記不好被導演罵，我總說『攏乎挖！』，因為我想要爭取機會，提升自己的演技，這是演員必經的挑戰，也證明了我的企圖心。」隨著台詞越來越多，他的演技得到更多的磨練，快速地在演員的成長之路上一階階攀升。

演員人生

「剛開始演戲時，如果被說演得不像，我都會很難過。」他提到第一次要演壞人時，當時的執行製作是趙正平，一看到他就說：「怎麼找你啊！你長得又不像壞人。」他連忙說：「可以啦！我演得出來。」他真的用自己的實力突破了老實外型的限制，讓趙正平忍不住誇讚：「景立哦，你可以喔！」

「我演過的每一段戲，包含試鏡，之後都會回想剛剛演得怎麼樣，哪邊需要加強，怎麼可以演得更棒。」有些時候一回想就很懊悔，例如他在演《草山春暉》時，劇情設定他因為忙於工作而忘了吃飯，飾演老闆（高銘宗）的檢場來催促他趕緊用餐。他照著腳本演出了原先的設定，但後來回想時卻覺得還可以演得更好，「雖然劇本寫沒吃飯，但我覺得不應該只是沒有吃而已，要像是突然想起什麼似的，把便當放在旁邊，繼續工作。」

那已經是十五年前的戲了，但他至今難忘，可見他求好心切的態度，更道出他熱愛演戲的程度。

終於有一次，他的台詞變得更多了。

某天晚上七點多，公司發來隔天一早在怡仁醫院拍片的通告——大愛電視台鄧安寧導演的《別來無恙》。電話中，經紀公司跟他說：「戲很簡單，你就是安慰主角，主角因為要截肢，你說一些鼓勵他的話而已，沒什麼啦！」當時他已是大特約演員（簡稱大特，台詞十句左右，要走位、模擬情境、揣摩情緒和表達肢體語言），便很有自信地回覆說：「是喔，那我明天一早到現場再看就好。」但對方很堅持要傳真給他，他只好到便利商店去收傳真。

「一收到我整個傻眼！竟然是滿滿六張的台詞。」他立刻打給對方確認，因為這樣的台詞量應該要發一個基本演員，發給還只是大特的他，等於一次跳了兩階（中間是特約基本演員）。他這才知道，因為事出突然，經紀公司實在找不到其他人，所以來拜託他。

「我在電話中一直掙扎著要不要接，但我想他們應該真的沒辦法了才來找我，所以還是接下來。」才剛走出便利商店，他就開始背台詞了，「我拿著劇本的手在發抖，心想慘了，這麼多台詞我吃不下來，我背不下來。」邊走邊背回到家，連洗澡時也在背，「我那晚本來不打算睡覺了，把劇本放在枕頭旁邊，看一段，眼睛就閉著背一段，然後睜開眼再背一段。後來背著背著，不小心還是睡著了。」

醒來繼續背，背到走路出門、坐車、抵達拍片現場，直到正式上戲前，他全心全意都在劇本上。「在現場，執行製作一直給我打氣，說幸好是發我，一定可以的，加上鄧導拍戲很俐落，我就放心了點。」通常一頁劇本會拍一小時左右，那天的六頁劇本，拍不到三小時就順利完工，也讓景立大哥對自己更有信心。

「拍戲累在等待跟熬夜，如果排除掉這兩樣，拍戲其實是很開心、很有趣的，拍到哪、玩到哪，到處去看不同的在地風情。」接大愛電視台的《晚霞似錦》那一次，他演的是女主角林美照的男朋友。劇情設定他教女主角跳吉魯巴，從沒跳過舞的他趕緊上網找影片，請朋友來指導，就算整整苦練了一個月，上戲前還是相當緊張。果不其然，正式開拍後，他老是跟林美照動作相反，讓他很不好意思，最後是女主角帶著他跳完這一幕。

出錯就會挨罵，但有時也會有些趣事，「有一個導演的口頭禪是『你是法國來的兔子啊！』我以前不知道什麼意思。後來有一次，我要罵小孩動作太慢時，不小心脫口而出『你兔子啊！』看到孩子一頭霧水，我突然明白，原來導演是在說我像龜兔賽跑時跑輸的兔子，然後法國來的就更散漫了。」

景立大哥從一九九八年開始演戲，三年之內就破千次通告量，現在已經數不清拍了多少部戲，從背景路人甲到演活了綠葉角色，一路再從配角演到主角，「我以前有個綽號叫『一線阿立』，演過太多角色了。我覺得演戲可以體驗各種不同的人生，形形色色都是人生百態，也看到每個工作辛苦的一面。」在演活別的人生的同時，他也在自己的真實人生中努力著，「有次我整本劇本都背好了，但因為製作人有指定人選，所以導演一到現場只跟我說了一句『你不夠高』，然後我就被換掉了。」這是演員生態的瞬息萬變，也是他必須面對的真實生活。

隨著等級越升越高，他的通告量卻越來越少，即使深知演員工作不穩定，「但我就是堅持不放棄拍戲。」為了生計，他同時兼做許多不同的工作，像是工地粗工、擺路邊攤，或是賣冰淇淋等，好維持日常生活開支。

從演人生到真人生

「我這一生遇到很多幫助我的貴人。」

他的貴人，包括媽媽陽明山上的朋友、還有在陽明山上認識的好友林鴻銘、葉家榮，高中魏同學一家，以及為他的後半生找到另一條活路的陳萬號。陳萬號因為在電影《總舖師》中飾演水腳B而竄紅，但在演這部戲之前，陳萬號已演戲將近二十年，一邊演出各式各樣的角色，一邊兼職開計程車。

某次，景立大哥看到陳萬號開著計程車到片場，好奇之下問他如何考計程車職業登記證，了解之後，心想開計程車這個工作蠻自由的，便從二〇〇四年展開了演員之外的小黃人生。

「如果只想靠演戲過生活，放不下身段做別的事情，那就沒辦法生活了。」他聊起某次遇到同為演員的另一位大哥也加入車隊開車，他開心地向對方打招呼，對方卻壓低聲量說：「景立啊！你毋通甲別人講內！」他不解地反問為什麼，對方回他：「按呢別人會看阮無起。」

對方的話，他其實不以為然，「我的心態是，這是正當的行業，為什麼怕人家知道。」某次一位乘客一上車就認出他來，問他：「大哥，你不是演戲的嗎？怎麼會來開車？」他笑著回說：「對呀！沒通告的時候，我就來開車。」乘客也微笑回應：「大哥，坐到你的車我很開心，你很努力欸，謝謝你！」下車時還給了他許多小費，鼓勵他繼續堅持自己的夢想。

曾經也遇過幾個學生乘客，一上車就窸窸窣窣地低聲說著：「你問啦！你問啦！」學生認出了他，他也開朗回應，然後一起合照。不過，最常發生的除了認出他是演員，也有很多其實是美麗的誤會。

一次在等紅綠燈時，有位騎摩托車的阿嬤停在車旁，一直透過車窗看他，他因為常被認出來，所以習慣性地點頭微笑。阿嬤敲了車窗，他也降下車窗，阿嬤卻說：「運將，哩公車駛好好的，呐欸跑來駛計程車？」還有一次，一位乘客問他：「大哥啊！你建材行收起來喔？怎麼跑來開計程車？」

不只如此，賣房子的、賣米粉的……，各式各樣的行業他都被問到過，也不是因為他曾演過這些角色，而是他演的戲太多了，他的臉進入觀眾的腦海裡，久而久之誤認成自己認識的人，「因為他們看我覺得眼熟，聯想到生活的某部分。每次乘客問我是不是曾做過某個行業，我就可以猜到他是做什麼的。」他笑著說。這也是他將眾多角色演得活靈活現的「後遺症」吧！

「開計程車時間很自由，我自己是老闆，想拍戲就拍戲，有車可以遮風蔽雨，沒客人我就在車上看書、背台詞。如果拍戲拍到半夜，還能回到車上倒頭就睡，更別說只要認真就有錢賺，收入可能比上班族還好。」一一數著開計程車的優點後，他忍不住笑說：「到後來，開計程車變成主業了。」

我覺得，景立大哥已經把演戲和開車兩者合而為一，將在片場的觀察及揣摩角色情緒的技巧，融入了真實生活之中。「有時候不用看後照鏡，我光聽呼吸、講話，就可以知道這個人現在的心情，提供他需要的服務。」

賺到的老婆

「我娶到這個老婆是賺到啦！」他說起五年前也成為計程車司機的老婆唐靜苹，臉上帶著得意又靦腆的表情。

「我們是在奇摩聊天室上認識的。」那時他還很少接觸電腦，所以打字很慢，靠著左右手的「一指神功」，一個按鍵一個按鍵打。「到聊天室打招呼說『你好』，我常常『你』好不容易打好，要打『好』的時候，對方就傳來『你是誰？』然後我趕快把『你』刪掉，要打『我』，但『我』都還沒打出來，對方就傳來『你為什麼都不講話？』我急著想解釋，但才一下子，對方又傳來『你再不說話，我就把你踢出聊天室喔！』結果我還來不及打出一個字，就被踢出聊天室了。」景立大哥描述起剛上聊天室的情況，生動的肢體語言和豐富表情，要是搬上電視螢幕一定會讓觀眾笑翻。

說話和緩、語氣溫柔的老婆談起兩人的交往，當時她在照顧生病的爸爸，沒事時就上網，「因為我也是一指神功，想練習打字，所以就上聊天室聊天。」兩人以同樣的功力，耐心等著對方慢慢打完字。線上聊了幾個月後，他約老婆出來見面，老婆說：「以前別的網友約要見面，我都拒絕，因為我只是想練打字，但那次他約我，不知道為什麼我就說好。」

第一次約會，一定是在咖啡廳吧？「咖啡廳是高消費的地方，我不會約那裡，我都約不花錢的地方，哈哈哈！」所謂不花錢的地方，原來是帶女朋友去看海、爬山，但一聽我說：「這樣也很浪漫啊！」老婆馬上反駁：「他一點都不浪漫。」景立大哥回應：「浪漫又不能當飯吃。」老婆不但沒反對，反而很贊同：「不過，就是因為他務實、老實又孝順，加上他很努力，沒拍戲就去找工作做，所以我才喜歡他。」

老婆覺得最感動的一件事，就是交往期間她的五〇CC摩托車太過老舊，騎車回家要經過山路，十分吃力，但一時沒有多餘的錢買新車。景立大哥知道這情況後，二話不說直接去領現金，買了一輛新車給她。說到這裡，他笑著回應：「她可能沒想到，這麼摳的人居然會花錢買車給她！我那時候為了要節省開銷跟維持身材，一天只花早餐一顆茶葉蛋的錢，午餐就吃劇組免費便當。這麼省吃儉用存了一些錢，用來給她買車是該做的事，那些甜言蜜語我不會講。」

認識初期，兩人相約去看二輪電影，「我在廁所外面等他，都能聽到他在裡面碎碎念地背台詞。」景立大哥立刻補上一句：「有時候開車回南部，我還會在車上跟老婆對戲。」對於他的演戲生涯，她也曾好奇地跟到片場一探究竟，「但她第一次就嚇到了，那時候在山上拍，從天黑拍到天亮，她連想瞇一下的地方都沒有，她心裡應該叨唸：『我不要再來了！』」回想起那一百零一次的陪戲，兩人一起笑開了。

「要結婚的時候，媽媽跟我說，演員的收入不穩定，生活好壞自己要承擔。」嫁給一個演員，她全心支持他的夢想，「我覺得既然他想做這個，就讓他去。」她會當他最堅強的後盾，「起初我開早餐店，後來去上班，但因為小孩有些狀況，每週三天我要陪小孩去做治療，所以就跟他一樣開車，這樣時間比較有彈性，收入也穩定一點。」兩人都是計程車司機，回家後常分享開車的趣事，彼此有著共通的語言。

靜靜傾聽老婆談起過往的日子，不是大哥就是孩子，還有她無私奉獻的那個家，景立大哥當下只對老婆說：「謝謝，你辛苦了！」看來他確實是個不會講甜言蜜語的人，但一句真誠的感謝，精準傳達兩人相互扶持、認真務實投入生活的態度。

「我們生活中有一種不自覺的浪漫，不是電視上的那種，是我們兩個懂的那種。」大哥說。

計程車司機閱人無數，演員更是在揣摩大千世界中的人生百態；看了無數劇本的景立大哥，已經在自己的人生劇本中演出最真實、獨特，也是最美好的一齣戲。

景立大哥給讀者的話

所有經歷都在豐富人生，正向學習為自己加分。

09 鐵漢軀殼，糖衣內心

遠離淡水老街上摩肩擦踵的人群，往滬尾礮臺方向拾階而上，前往隱身在林蔭中的淡水咖啡廳，一進門咖啡香氣就撲鼻而來，在大片落地窗前遠眺八里河岸更是令人心曠神怡。這個採訪地點是林仁政大哥選的，我能感受到他細膩的感性因子。

初見到他，身形筆挺而略顯瘦削，氣質溫文爾雅。半銀白的頭髮下，竟是一張充滿亮澤、年輕好膚質的臉龐，讓我不禁疑惑地問：「大哥，為什麼你的綽號叫『鐵人』啊？」因為我心中的鐵人，是體格健壯、皮膚黝黑，可能還愛好三鐵運動。

他笑著說：「我曾經台北、墾丁來回連續開車四十七小時不間斷，同事就給了我這個綽號。」我忍不住驚呼，「這不只是鐵人了吧！」我們都笑出了聲，他接著說：「因為我想知道自己的極限在哪裡。」

這一句話，透露出他溫柔外表下剛毅似鐵的強大內心。

以計程車為中心的職涯

仁政大哥年輕時從事皮革業務，月收入曾低到只有一萬二，很關心他的鄰居阿伯擔心他這樣沒辦法娶老婆，便將自己的計程車借給他開，就這樣從一九八七年開始兼職開計程車。

三年多的皮革業務工作結束後，他到室內設計公司上班，上班前和下班後的時間依舊開計程車，以增加收入。一九九九年他跟家人一起經營餐廳，也是人生中唯一沒有跑車的日子，但不到一年便慘澹收場。

結束餐廳之後，他瘋狂地工作，曾經同時兼四份工作：清晨三點半到萬華的環南市場殺魚，運送處理好的海鮮食材到辦桌外燴場地，白天到社子的室內設計公司上班，五點半下班後先去北投開垃圾車，之後再開計程車直到半夜，「我就看月底，柴米油鹽、家裡要繳的錢夠不夠，如果夠，剩下幾天就可以稍微輕鬆點；如果錢不夠用，早上就會再更早一點出門。」鐵人性格展露無遺。

當年仁政大哥住北投，曾經一早出門載到一位女乘客；她是搭高級黑頭車從陽明山下來，然後攔計程車轉乘到公司。

連續幾天都剛好載到這位女乘客，美麗年輕的身影令他印象深刻，於是主動問：「您是不是每天都要搭計程車上班？不嫌棄的話，我可以每天來接您。」於是這位美女乘客成為固定客。賞心悅目的接送時光維持一年，後來因為對方搬家而中斷。

另外有一位男乘客趙老闆，曾經固定接送過幾次，中間雖因開餐廳而斷了緣分，後來路邊又載到趙老闆，這樣重逢的巧合也讓趙老闆成為他的常客。

趙老闆知道仁政大哥開過餐廳，很喜歡做料理，有一天突然問他：「小林啊，你星期六有沒有空？我有個家庭聚會，因為臨時缺人手，想請你來幫忙，你順便帶老婆小孩一起來玩。」他不假思索地答應。

當天一到現場，令他驚訝的是，多年前的美女乘客居然也在那裡！原來，她是趙老闆的妹妹。美女乘客一看到他，立刻說：「哥，你如果不相信林大哥，那你可能沒車好坐了。」大家都對這段前後長達十多年的緣分感到驚喜萬分。

一個月後，趙老闆問他：「小林啊！你要不要考慮每天來接我？」他有些意外，但立刻開心地回覆：「可以啊！那我換台新車給你坐。」此時他才意識到，那場家庭聚會的安排，應該是趙老闆想找專屬司機，透過聚會了解他和家人，他也因此取得信任，成為趙老闆的專屬司機。

趙老闆的家從北投搬到竹圍，公司從信義區搬到南港區，他每天接送不間斷。這期間，趙老闆曾表示有意搬家到淡水，仁政大哥也隨口回說：「淡水很好啊！也許我們可以做鄰居呢！」

此後他就特別留意淡水房屋買賣的資訊，某天，他正載客人到淡水的路上，仁政大哥看到夢想中的房子，乘客下車後，他立刻調頭回去看房。這間還只是毛胚屋的獨棟房子，一入門，獨特的挑高八米設計和面對漁人碼頭的景觀，讓曾在室內設計公司工作將近十年的他，一眼就愛上！

由於老婆與孩子的反對，他曾經一度放棄，但他一直沒能忘記，他笑說：「這棟房子絕對可以列入百大建築。」於是，他偷偷把房子買了下來，裝潢後帶老婆重回現場，一棟煥然一新、美輪美奐的建築矗立眼前，連老婆也驚豔不已。

後來趙老闆真的確定要在淡水買房子了，便告訴他這個訊息，還問：「這樣你以後從北投到淡水很遠怎麼辦？」他笑著回：「沒關係！你搬，我就跟你搬。其實，我也在淡水購屋了。」就這樣，接送趙老闆的工作持續了十六年，直到今年初趙老闆退休，才結束這份任務。

「人生經驗告訴我，心態很重要，我的人生沒有『放棄』這兩個字。我覺得，心是一個很敏感的東西，心有所往，夢想就會實現。」仁政大哥的車上，安放著一尊宜蘭羅東土地公廟發行的公仔。今年初因為新冠肺炎的關係，生意冷清，沒載到幾個客人，他便說了句：「土地公公，我看現在野柳應該沒人，不然我們來去野柳走走好了。」哪知道，話才出口沒多久，他就載到了要去野柳的乘客。

他深信冥冥中有種吸引力法則，一條隱形的線牽引著他。我想，線的起點就是他那顆易感且柔軟的心。

心所嚮往

如同他溫文儒雅的外表一般，仁政大哥喜歡的事物也很文藝。他拿出一大把不同花色的鉛筆，和一本本蓋滿印章的筆記本，一邊翻著，一邊喜形於色地跟我聊起每支筆、每個章的故事。

十六本筆記本的上萬個印章戳記，除了一般常見的旅遊景點、各地節日活動的紀念章，和各地廟宇不同神祇的祈福章，還有成套的染布十一步驟章、大屯自然公園的十幾種蝴蝶章，以及司機必到的各國道休息服務區圖章、二〇一二年撤除前的國道收費站紀念章，甚至有二〇一五年淡水雲門劇場開幕時，限時三天就作廢的絕章。

突然間，我發現裡頭有我們所在咖啡廳的圖章戳記，我看向櫃檯及四周，卻沒看到任何蹤跡，他笑著說：「那是我特地開口問來的。」因為老闆原本已不再讓人蓋章了，但得知他的收藏後，特地拿出來讓他蓋，「你開口是二分之一的機會，不開口就什麼都沒有。」他說著集章，像是在傳達他的人生態度。

他的第一本集章從二〇〇三年開始，之前的他到景點時偶爾會蓋章，但沒有特別認真收集，直到他看了電影《刺激一九九五》，劇中瑞德獲假釋出獄後，按規定先到中途之家。

當瑞德進入房間，望向頭頂上的木椿時，發現上頭刻著「布魯斯曾在這裡」，那是獄友布魯斯自殺前留下的印記（因為長期待在監獄裡，許多人反而在出獄後無法適應社會而自殺）；瑞德因為好友安迪的囑咐，不再有自殺念頭，他說出那句經典台詞「get busy living or get busy dying」（忙著活，或忙著死）之後，在木椿上留下「瑞德也曾在這裡」。

劇中的刻字，讓仁政大哥興起「凡走過必留下痕跡，留個到此一遊的印記」的念頭，但他覺得刻字會破壞景觀，而且也不能帶在身邊，所以他轉而收集印章戳記，「刻在樹上的帶不走，但印下來的我可以帶走，每一個印章都是一個紀錄。」集章，能達成他想要

「留個印記」的目的。

為了集章，他出遊次數變得頻繁。有時為了包車旅遊的外國客人，他會帶著老婆先到景點場勘，順便蓋章，老婆現在常常問他：「我們今天去哪裡蓋章？」

這一本本集章不只是蓋上各種印章這般簡單，仁政大哥還發揮自己的美感和好文筆，讓每本筆記本都別出心裁。像是將關渡自然公園各種候鳥圖章，在一整面的牛皮紙質筆記本上，以黑色印泥不等距的交錯蓋著，彷彿畫作一般，令人一見難忘。

有時他還會在圖章旁寫下當時的心情，比如基隆海洋科技博物館的戳記旁就寫著：「綿綿細雨，然而心中的太陽，暖暖而升。」描述在雨都基隆出遊時的愉悅心情。

「我今天想到夏威夷，打開筆記本就到了，隨時都可以看。」有人曾問他，為何不用手機拍照留念就好，他回：「手機也是會當機沒電，用筆記本我還可以留下自己的筆跡，記下當時的心情，也像是參與一項遊戲一樣。」一頁翻過一頁，他引領我一起前往一個又一個印章的所在地。

「心所嚮往很重要，心在哪裡，你就能到那裡。」他說。

集章國民外交

「翻開集章本，話匣子就打開了。」前一陣子韓國人非常熱中集章，來台灣旅遊時也會四處集章。某次他載到一群韓國遊客拿著集章本，仁政大哥也拿出自己的來交流，於是大家比手畫腳地談著印章，語言在這時都不是問題了。

「我覺得，這可以讓國外遊客有多一點樂趣。」仁政大哥隨身帶著集章的筆記本，包車旅遊的乘客都會看到，若是對方不排斥，他就在景點買一本空白筆記本送給對方，並說：「這是給你們的台灣伴手禮，旁邊有印章，集章可以從這裡開始。」

有次，一個新加坡家庭來台四天三夜包車旅遊，中途到了清境農場的薰衣草森林，他照慣例買了一本筆記本送給對方。新加坡妹妹對他說，當她翻看仁政大哥收集的那一本集章本，看著每一個印章，覺得自己彷彿也到了現場。

聽到這樣一句話，他乾脆將自己的那本集章本送給她，「雖然我收集很久，但如果她喜歡，我就送她。我覺得，反正我百年後也帶不走，找一個知音，她會比我更懂得珍惜。」他一直以來也都帶著印台出門，「有些景點的印台常常沒水，我帶著可以自己用，還能提供給現場想集章的人。」集章帶來的樂趣，讓他更想將喜悅的心情分享給更多人。

一位來自大陸福建的老師第一次到台灣，對一切都很好奇，在高速公路休息站休息時，仁政大哥跑去蓋章，老師也湊過去看，問他在做什麼，他說：「到哪旅遊都蓋個章，等回家時，就可以打開來看，看你曾經去過哪裡，這就像是你的足跡。」沒想到，這句話牽動了老師下一次的台灣之旅。

兩個月後的暑假，老師帶著小學五年級的孫子及家人來台灣四天三夜旅行，而孫子的暑假作業是要集滿五百個章，「那一趟根本不是在玩，都是在找章蓋。」他笑著說。

「雖然印章看起來不起眼，卻可以延伸出許多橋段，其中也隱藏著故事。」我問他有沒有自己專屬的印章，他說：「淡水有很多街頭畫家，我曾請一位幫我畫一幅很小的自畫像，刻成印章，只是現在已經蓋扁了。」聽到他這麼說，先是有點詫異，但即刻能夠體會，因為也只有趨近瘋狂的熱情，才可能將印章蓋到扁啊！

情感豐沛的浪漫

每本筆記本的首頁，仁政大哥都自行構思寫上對聯，像是其中一本：上聯「雙手掌握前途方向」，下聯「四輪征服崎嶇里程」，橫批「橫行天下」，從開車角度撰寫，貼切萬分。

筆記本中偶爾有票券或貼紙，他指著一張淡水青年管樂團的門票，下方有「生日快樂」四字，他說：「這是老婆生日那天的紀念。」這本中還有一單元，左上角寫著「滾貓愛情故事」，整頁都是各種動作的可愛貓咪貼紙，旁邊有一列小字敘述情節。原來他和老婆都愛看《滾石愛情故事》單元劇，他借用劇名，以貓咪貼紙寫出兩人的故事。

從代表仁政大哥的黑斑貓偷看代表老婆的橘斑貓開始，一旁寫著：「哇！有隻美貓。」經過認識交往，再到黑斑貓撐著傘說：「嫁給我！」橘斑貓回：「約法三章，你要做家事。」最後橘斑貓舉著 Happy 的牌子說：「速速回家，洞房喔！」真是別出心裁的戀愛筆記。

然而，當時他的婚姻卻因故未能得到家人的祝福，「結婚前一天，我跪著向媽媽告別。」然後他就帶著兩個行李箱離開，婚後跟老婆租屋在外。

「結婚時，沒能得到家人的祝福，我覺得我做兒子的角色不夠圓滿。」因為是家中么子，從小母子關係緊密，成年後曾為了爭取媽媽跟自己同住，還跟兄弟感情很好的二哥吵過架。媽媽晚年行動不便，出門都是由他接送，媽媽曾經跟他說：「螃蟹沒有腳不能走路，我沒有你不能出門。」短短幾句話，感受得到他對過世母親的思念。

即使婚姻不受祝福，但在媽媽過世前，老婆仍然盡心盡力照顧，過往他對媽媽的愛常讓老婆吃醋，「但行動上，我愛她勝過任何人。」

談起老婆，他話鋒一轉，寵愛溢於言表，「我很重承諾，結婚時就說過『我只疼她』，媽媽過世後，生活重心便都在她身上，現在她反而覺得太沉重，想要自由，便去學跳舞、四處看展覽、聽演講。」

近年來，老婆喜歡上流行的極簡風，開始對家中物品斷捨離，讓熱愛收藏的他有些掙扎。也因為老婆太常「關切」他的東西太多，於是這兩年他狠下心，整理了很多寶貝捐出去，像是他喜歡用鉛筆，晚上常花一小時寫字，收藏了幾千支的鉛筆便全部捐給育幼院，讓它們有新主人。

仁政大哥還收藏了八百多張黑膠唱片，有時會將壞軌不能聽的塑型成花盆，常常一放在屋外隔天就被偷走，他說：「其實我不生氣也不心疼，因為代表那東西有人愛，有人愛才會有人偷。」他的反向思考，就像他對人生的註解一樣，「人生有時候轉個彎會更好。」

最後，當他準備丟棄那些黑膠唱片時，兒子突然攔住他說：「爸爸，這張不要丟，我要保存。」兒子替他留了一張麥可．傑克森。「我覺得，兒子跟我是同一個陣線的。」他低聲說，我聽了忍不住笑出來。

對於拋下收藏多年的寶貝，他說：「她不要生氣就好了。」現在，他身邊留最多的，就是這些跟老婆一起創造回憶的集章筆記本，「打開來看，心情都是非常愉悅的。」說著說著又翻看起來，「我心情不好時就會打開來翻一翻，然後跟老婆說：『老婆，你看我們曾經去過那裡。』跟老婆吵架時，也會翻開來看，心裡想：『早知道那天就不帶你去，我自己去！』」在他那銀白色髮絲下，童稚般的單純內心仍閃閃發光。

玩出自己喜歡的人生

高中到同學家玩時接觸到西洋音樂，就此愛上。有很長一段時間，開車的時候，最期待的就是晚間六點到七點、西洋音樂教父余光在中廣播放的西洋經典歌曲，即使沒有乘客，他也是非要聽完才肯收工回家。

其餘時間，他幾乎都聽ICRT的廣播，對七〇、八〇年代的西洋歌曲如數家珍，「我買的第一張專輯是安迪・吉布的《*Andy Gibb's Greatest Hits*》，他是比吉斯三兄弟的弟弟；最喜歡空中補給的《*Lost in love*》。」

從集章、寫字到音樂，每一樣都是培養他豐富情感的養分，連乘客都能感受到他的感性，主持《繞著地球跑》、氣質絕佳的謝佳勳曾對他說：「你是一位不一樣的司機大哥，你可以準備一本筆記本隨時記錄心情與想法。」我在筆記中也看到華語流行音樂教父李宗盛的親筆簽名，他笑著說：「有段時間，李宗盛只要回台灣都坐我的車。」

豐沛情感和無比感性的內在，使他更加堅毅，挑戰生活中的每一次不順遂也更有彈性，「我常常對自己說『我不簡單！』這是我給自己信心的方式。」從他溫柔的眼神中，我看到堅不可摧的信念。

仁政大哥給讀者的話

人生很好玩，看你怎麼去玩。

10 不可能 vs. 沒問題

跟趙明禮大姊約訪的地方很特別，是一家舞廳。第一次踏進舞廳的我，既驚豔這藏身大樓中、約莫百坪的光亮木頭地板和隨音樂變色的舞台燈光，更想像不到，平日下午的舞池中居然有滿滿的舞者。

明禮姊一頭俐落短髮，搭上桃紅色的長流蘇耳環，身穿同色系貼身小洋裝，上身細肩帶、單肩披肩式設計，下半身則是高衩斜裙襬和高跟鞋，無一不顯出她的性感好身材，胸前及裙襬的小流蘇隨著身體的擺動而晃動，動感又俏皮。

她的另一半孫仲良大哥，是一身黑色的襯衫及西裝褲，看似簡單，但襯衫衣領、左胸前、袖口，甚至兩隻手臂上都妝點著晶亮的水鑽；以紫紅漸層為底色、流線水鑽裝飾為主軸的領帶，更是畫龍點睛的目光焦點。「這些水鑽都是老婆親手燙上去的，她很厲害吼！」他指著身上的水鑽，藏不住的笑意和衣領角上的愛心水鑽一樣閃閃發亮。

明禮姊跟著說：「大部分是我燙的，我喜歡簡單大方，覺得一邊有圖案就好，他兩邊都要有，背後也有，褲子也有，就自己亂燙。」仲良大哥笑著回應：「我就比較『聳』啊！我們跳舞沒有很厲害，就用這個『蓋』過去。」話一說完，大家都笑了。

大哥說得謙虛，但已屆花甲之年的兩人一上場，不論是節奏稍慢的華爾滋、探戈，還是快節奏的恰恰、捷舞、森巴、倫巴，或是難度最高的鬥牛舞，他們幾乎是隨點隨起舞。舉手投足之間的延伸、柔軟、力道及甩動感內化到全身，每一寸力道都直達指尖，每一瞬間的舞姿都讓人驚嘆不已，而兩人之間的絕佳默契，也在每一次的開合、轉圈之中展露無遺，讓人目不轉睛。

不只我這個舞蹈門外漢驚呼連連，就連舞廳裡其他三、四十歲的舞者們也相當敬佩他們，「像我們這個年紀，是夫妻檔，又十項都會跳的，大概只有百分之一。」大哥說。我看著明禮姊每換一種舞就換一雙鞋、一件舞裙，甚至相關的配件，即使只是跳給我們看的表演，每個細節毫不馬虎，足見她對舞蹈的全心熱愛。

從愛跳舞到教跳舞

明禮姊從小就喜歡唱歌跳舞，二十出頭時白天在家裡的工廠上班，一下班就到附近的公園學跳當時流行的土風舞，「那時候我是最年輕的，因為喜歡跳舞，到公園很方便，又可以兼做運動，是比較快速的學舞途徑。」這一學，引出了她對舞蹈的熱愛。

土風舞是一種在地社交舞，而國標舞則是彙整世界各地的社交舞而標準化，所以社交舞可說是國標舞的前身。學了兩年土風舞之後，因為喜歡諸如探戈、恰恰等舞步，就在二十六歲時正式到舞蹈教室學國標。

才學兩年，國標中的兩大分類：摩登舞及拉丁舞，總計十項舞蹈，她已經樣樣精通，同學也常向她請教，「那時候年輕，什麼都敢衝，就想要做自己喜歡的工作。」剛好搬新家，客廳坪數很大，索性拿來當舞蹈教室，開啟她一對一的專屬舞蹈教學事業。

她的學生年齡偏大，從三十五到六十歲都有，有家庭主婦、房仲，甚至簽賭的組頭……。「還有女兒自己是舞蹈老師，媽媽卻來跟我學舞的，因為女兒對自己媽媽通常比較沒耐心，哈哈！」她回憶起形形色色的學生，時空也彷彿回到了當年。

沒想到，十多年後，因為公園流行起國標舞，反而漸漸流失學生。主因是許多人只要會跳一、兩種舞就在公園當起老師，無需場地費及電費、廉價又方便的公園教學，徹底打壞了專業舞蹈教室的行情，「公園人多又有舞伴，明明是去學跳舞，但可以跟另一半說『我去公園運動』。」她雖然笑著說，對於結束舞蹈教室還是感到遺憾。

今天客人要帶我去哪裡？

結束舞蹈教室後，四十歲的明禮姊轉行開計程車，「我不喜歡朝九晚五的工作，因為自己會開車，想試試看這一行。」她這一說，大哥立刻補充：「她喜歡睡到自然醒，不喜歡打卡上班。」她馬上點頭，「如果上班要打卡的，我一定會每天都遲到，哈哈哈！」她就這樣成了計程車司機，一開二十五年。

「我神經很大條。」她談到某次晚上九點多，在泰山載了一位十幾歲的小屁孩，一上車就坐上副駕駛座，然後指揮著她一下左轉、一下右轉地繞小巷；十幾分鐘後，她發現車子竟然回到了原點，一處沒有住家、只有往來車流的地方。小屁孩這才說要下車，但車剛停妥又突然對她說：「阿姨，哩吼哇摸幾勒，哇吼哩幾霸摳！」她又驚又氣地說：「下去！車錢拿來！」

她看到小屁孩準備拿錢，手已放在排檔桿上，想著等小屁孩一下車立刻打檔離開，「結果他下車前，回頭就摸了我一把！我超氣的！其實他一路都怪怪的，但是我神經很大條，只顧著開車。」我聽得膽戰心驚，忍不住問：「明禮姊，不會覺得危險嗎？」她爽朗地回答：「不會啦！還好吧，我不覺得危險啊！」

她的隨車配備，不是防壞人的球棒，而是相機腳架，因為七年前她開啟了另一項新的興趣——攝影。

看了朋友拍攝的漂亮照片，她就發狠買下 Sony 當時最貴的 NEX5 微單眼相機，「我都快六十歲了，還能拍幾年啊？乾脆一次買到位。」

有了相機的她，開始走到哪，拍到哪。「我覺得攝影跟我的工作是相輔相成的，客人帶我到哪，我就有機會拍到哪，這讓我每天開車都充滿期待和樂趣，心裡會想：『今天客人要帶我去哪裡？』」就算只是載客到社子的福安碼頭，如果已近黃昏，她就會停好車、找個好地點立起腳架，捕捉美好的落日影像。

「每天都有意想不到的攝影作品產生，讓工作不是那麼制式，每天都有驚喜。」這種樂趣，也標誌著她愛好自由、喜歡不按牌理出牌的個性。

六年前，她參加了車隊舉辦的攝影比賽，拍了一張同事擦拭公司招牌的照片，題名「擦亮招牌」，意外拿到了優選，讓她對攝影更有信心與興趣，決定正式拜師學藝。

前後跟了四位老師，許多攝影團必拍點她都去過，像是到合歡山拍星軌和銀河，當時同行的仲良大哥說：「那天天氣非常冷，大家都很早就帶棉被去卡安全的位置，我們太晚到，只能站在馬路邊……載高山高麗菜的大卡車就在眼前來來回回，吼！真的很危險。」

這對夫妻，就這樣攜手相伴、走訪各地攝影兼遊玩。

真愛第二次來敲門

他們倆，其實是在各自失婚多年後才相識的。四十多歲、已經在開計程車的明禮姊，某次跟朋友在卡拉ＯＫ店唱歌時，仲良大哥正好走進店裡，第一眼的印象竟是：「我看著他從外面進來，褲子拉鍊沒拉，石門水庫開開的，我跟朋友說，欸，那個男的拉鍊沒有拉怎麼辦？」

仲良大哥會去卡拉ＯＫ店，其實也是個意外。「我平常不打麻將的，那天鄰居三缺一，叫我去湊咖，結果我一個人贏了他們三人的錢，覺得很不好意思，就請大家一起去唱卡拉ＯＫ。」沒想到，竟因此邂逅了明禮姊。

「這就是姻緣天注定啊！」他看著明禮姊笑著說。

「她是一個很熱情、很有自信的女人。」仲良大哥說起當年一看到亮眼的明禮姊，馬上展開「勾勾纏」追求的過程，他就停不下來了，「她不像其他女人那樣連 say hello 都不理，很大方，我邀她一起合唱〈誰能禁止我的愛〉，她馬上阿沙力回說『好啊！』」這一唱，兩人的好歌聲和絕妙的合唱默契，讓仲良大哥認定了她，也讓明禮姊對這個男人印象深刻。

她笑著說：「我們最喜歡去卡啦ＯＫ唱男女對唱，一唱大家都瘋了，我都說我們是綜藝咖！」

大哥接著說：「老闆只要遇到冷場，就會插播叫我們上去唱，因為十個客人有七、八個都唱慢歌，而慢歌對我們來說太無聊了。」

她說：「對呀！慢歌都是布魯斯的，聽多了會睡著；我們都是唱恰恰或吉魯巴，節奏比較快，大家就會起來跳舞，動起來。」

這兩位連說話都一搭一唱，默契十足。大哥才說：「她唱〈姐姐〉很厲害喔！因為她咬字清楚、字正腔圓，還又唱又跳的。」明禮姊一聽就笑，馬上接著說：「我有時候還會拿安全帽去逗一逗觀眾。」

兩人認識後不久開始交往，介紹對方給各自的兒女。明禮姊才說：「好像認識沒多久就打得火熱了。」大哥立刻接腔：「是我比較熱吧！」

偶遇至今已二十多年，為什麼五年前才正式登記結婚呢？契機竟然是一場死亡車禍。

某天下午四點多，一輛摩托車撞上明禮姊開的車，對方時速八十幾公里，酒精濃度○．九，相當於喝了五瓶以上的啤酒或半瓶以上烈酒，過去曾有過多次酒駕記錄，車禍發生時當場死亡。

「我本來沒想連絡他，但警察要我當天晚上留在分局不能回家，所以我才打給他。」仲良大哥接到訊息後，趕緊帶著簡單的盥洗用品到警局看她，隔天一早再到警局陪著她，一起去停屍間進行遺體相驗和製作筆錄等程序。

明禮姊斷斷續續聊起這段過往時，仍然驚魂未定。雖然對方酒駕，但對方父母因兒子身亡，所以堅持要求賠償金，官司前後打了一年多，最終以緩起訴定讞。

「……那時候我覺得很無助，心情也很差。他一直陪著我，也是他出面去跟家屬談；想到可能會被收押，還幫我去籌保釋金……」說著說著，她突然露出俏皮笑容、話鋒一轉，「這種時候，就覺得男人是有用的。」

車禍後三個月，他們就決定去登記結婚，「我想到那個人年紀輕輕就失去生命，更覺得人生無常，要把握當下。」

一輩子的舞伴

仲良大哥過去曾經營停車場及餐廳，也曾到日本當了兩年廚師，後來因為父母年邁需要照顧而回台。他知道明禮姊很喜歡跳舞，但他那時根本一竅不通，「以前我到舞廳都是去泡咖啡、聊是非，咖啡拉花沒問題，要跳舞不可能。」他笑著承認，一到舞廳他就開始打迷糊仗，「我以前的名言是『不可能！』老婆的回應同樣是三個字，卻是『沒問題！』，哈哈哈！」

「下海」的契機，其實是一雙鞋。「我以前很固執的，但老婆對什麼事都很正向，給我很大的影響；她送的那雙鞋，更改變了我的人生。」

六年前的某一天，一時興起的明禮姊拉著仲良大哥在客廳跳起舞來。當時只是單純地跳上幾個恰恰基本步，但愉悅的好心情讓她再次嘗試突破大哥的心房。

隔天，她偷偷買了雙舞鞋送給大哥，「然後我就被逼上梁山，不得不跳了！鞋都買回來了，這是老婆的心意，我如果還不學實在說不過去。就一方面當作復健，一方面培養共同的興趣。夫妻嘛！彼此都要讓步一下。」大哥說得哀怨，但話裡的寵愛顯而易見。

為什麼大哥需要復健呢？明禮姊說：「之前因為車禍，腳筋被撞斷後再接回去，剛開始復原時，連蹲都蹲不下去。」大哥接著說：「其實我不適合跳舞，為了跳舞，光買護膝、護具、壓力褲、精油和吃的保健品那些，大概花了一、二十萬……，她喜歡跳，就陪她啦！」

仲良大哥第一次穿上舞鞋跟明禮姊學舞，是在一所學校裡，「我不會跳舞，笨手笨腳的，學校又很多人看，真歹勢。」明禮姊突然問他：「哪個學校啊？我怎麼不記得。」他回：「新埔國中啊！你忘了？我第一次穿舞鞋就是去那裡跳。」兩人相處的點滴，仲良大哥總是牢記於心。

在學校學舞讓大哥感到不自在，於是改到公園練習，但才沒練多久，在公園教學的老師就前來聲明地盤而趕人，免費的場地看來都行不通，這才直接到舞廳跳。一開始只跳簡單的社交舞，跳著跳著，後來仲良大哥也萌生正式學國標舞的念頭。

於是，明禮姊特地找了老師來教大哥，「自己教，不用錢的都學不會，我跟他說要怎樣跳，他都回我：『不可能！』然後老師教就都有可能了。」她說完，連大哥也笑出聲來，「她買了鞋子，又找老師來教，第一次的學費還直接幫我繳了。我真的傻眼，這有花錢的欸，不認真不行了！」

大哥說：「我就是一張白紙，什麼都不會，光學這個舞花了快二、三十萬吧！一開始很痛苦，因為腳受不了，膝蓋很痛，每天晚上都睡不好，抽筋痛到天亮，但是我就硬撐、硬撐，再硬撐。」大哥回憶起初學舞像在復健的日子，彷彿痛感再現，明禮姊對我說：「他一開始痛到會罵我。」她又轉頭跟大哥說：「你現在要感謝我，因為這樣，你才能變成『勇咖』，完成不可能的任務，成為十項全能的舞者。」大哥聽了，立馬連聲道謝，模樣煞是逗趣。

說起那雙舞鞋，「她買給我的其實大了一號，要找東西墊著，很難穿來跳舞，但我到現在還捨不得丟，那是一個紀念，就是那雙鞋把我綁住了。」他一臉甜蜜，但也忍不住小小抱怨：「別人學拉丁舞是從倫巴開始學，我一開始就是學進階的鬥牛……沒辦法，她說了算啊！我只能硬著頭皮上。」明禮姊一聽又大笑起來。

明禮姊解釋，男生學國標舞通常比較難，女生可能半年就學會，男生大概要兩年，因為男生除了學舞步，還要學怎麼帶女生，所以很容易放棄，常常上了兩堂就說再見，所以國標舞的世界裡通常是十個女生，只有一個男生。

「男生學舞只要稍微上手，就可以很吃香，常常有女生為了男舞伴而爭風吃醋吵架的，因為僧多粥少。」大哥說完，她馬上插話說：「我都跟他說，你去多帶別人跳沒有關係，結果他不要。」

「因為沒有必要啊！她們也不會比我老婆會跳，她比較厲害，只要是她，我就不怕，如果是一個比較差的，我就會怕了，而且舞廳裡閒言閒語太多了！」

舞廳裡，十個有七個沒有固定舞伴，有的可能離婚或喪偶，有的更只是因為跟另一半感情不好才來跳舞解悶。仲良大哥堅定地說：「我一輩子只跟我老婆跳！」

明禮姊雖然毫不在乎老公和別的女性跳舞，但也對這句話深有同感：「開始一起跳舞以後，感情是越來越好。」

人老心不老的自在生活

已經退休的仲良大哥，五年前被明禮姊說服，也加入了開計程車的行列，兩人共用一台車，大哥從早上開到下午一點，然後回家換她開到晚上，「我跟著開車有個好處——她都不用整理車子。像這次疫情，車子要全部消毒，我都是早上先擦好，下午開車回家整理過，再擦一次酒精，每次至少要二十分鐘以上，然後才交給她。」

不過，最容易吵架的時刻也是交接，明禮姊天生嗜睡，交接時經常遲到，讓大哥在巷口等上好一陣子，「我以前會跟她說，小姐，我已經提早一小時回來整理車了，你嘛幫幫忙！不過現在我也習慣了，因為改變不了她就只能改變自己，正向一點，我就邊等邊滑手機。」大哥帶著小抱怨地說，明禮姊聽了捧腹大笑，「你這樣讓我好羞愧喔！哈哈哈！」

我想，這些等待，對於等到後半生才遇上明禮姊的仲良大哥來說應該只是小事一樁。

大哥的人生，從遇到她開始轉了個大彎；開始跳舞，開始開計程車，都是過往不曾想過會有的體驗，「如果他沒遇到我，人生的路一定完全不同；而我如果沒有遇到他，大概也不會是現在這樣。」大哥搭著她的話說：「但我依賴你比較多。」兩人相視一笑，那份甜蜜足以醉人。

採訪尾聲，我問兩人最想跟對方說的一句話，明禮姊說：「不要太固執，腦筋要懂得轉彎！」大哥卻不假思索、簡單明瞭地說出最直接的心意：「我愛妳。」這三個字對一般人來說不易說出口，在歷經風霜的年紀下，傳達出的情感更顯豐厚。

他們現在平日開車，週日一起跳舞，明禮姊才剛說：「小孩沒結婚前，我們還會聊聊小孩，現在的話題只剩大寶。」大哥馬上接著說：「我們是老人與狗。」大寶，是他們養的一隻混種西施犬。

告別時，明禮姊突然像是想到什麼跟我說：「我退休後要去當街頭藝人，如果考不到，就去當部落客。」

這是她的寫照——不論年紀如何增長，她的心無時無刻都是年輕的姿態，想做什麼就去達成，無畏無懼。

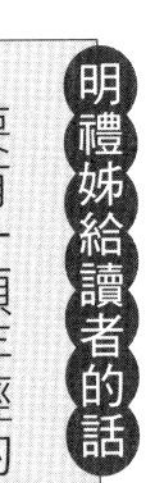

要有一顆年輕的心，希望是無窮的。

要有正向能量，有快樂的想法，就會有快樂的心情。

11 終極殺陣台灣版之使命必達

「因為在總統府前景福門圓環發生事故，我可能會遲到，抱歉！晚一點到可以嗎？」看到丁哥傳來的訊息，我回了訊息請他慢慢處理，但也不免擔心，「不知道是否有人受傷？嚴不嚴重？」正想著的時候，外頭瞬間下起午後雷陣雨，看著傾盆大雨，心中更加焦慮，「等一下丁哥訪談的情緒會不會受影響？」約莫三十分鐘後，丁永泰大哥出現了。

彷彿說著別人的事情般，丁哥描述這場事故，「我兩片車門都被對方撞凹了，我看他也是司機，就讓他去自己熟悉的車行估價，看我這車要修多少錢，若手頭真的沒那麼多錢，每個月分期還給我就好。」一般計程車發生事故，大多還會跟肇事者索取營業損失費用，他卻直接跟對方說不用了。

丁哥的語氣、表情和處理態度十分平靜，讓我有些驚訝，畢竟計程車這個行業，車子是生財工具，許多司機大哥對於車禍常常是生氣怒罵或是連聲道衰，而丁哥不僅沒有負面的情緒，反倒替對方想著可能會有經濟問題，以分期方式緩解突發的壓力，「將心比心啦！一樣都是司機，我看他還有車行的錢要付，可以想像他的狀況。」

其實，丁哥不僅心態不太一樣，眼前的他身穿火焰潮T，工作短褲，腳上是一雙超過腳踝，露出愛迪達logo的小短襪，搭上同品牌經典的白綠休閒鞋，臉上戴著的眼鏡則是正面透明、側面豹紋的塑膠造型鏡框，再加上脖子上的長短雙鋼鍊，全身上下的打扮就是個走在西門町街頭的年輕人，完全顛覆一般人對「計程車司機」的印象。

四十六歲的丁哥說：「我兒子都十八歲了，出門的時候我都跟他說，不可以叫爸爸！」他這一說，我都笑了。「我曾經在拍戲現場等人，因為缺個臨演當計程車司機，執行問我可以幫忙嗎？我一口答應，但後來他們找了個老老胖胖，看起來很純樸的人去演，可能是導演覺得我太不像計程車司機吧！」他說起這個片場小插曲，自己也忍不住笑了出來。

開車成為一生志業

自小在眷村長大的丁哥生活無虞，但是從國二寒暑假就開始打工，「我很愛買東西，很愛漂亮，老媽說這是遺傳自我老爸，他年輕的時候衣服都要訂做，穿得西裝筆挺。」他的爸爸是退伍軍人，對孩子的生活教育十分要求，不守規矩時，就拿拐杖追著打，或是罰跪在洗衣板上，誠實和準時是兩大重點，「老爸很不喜歡人家遲到，我印象中他都是提早到的。」這樣的家庭教育也讓他養成從不遲到的好習慣。

「高二那時我還沒交女朋友，常想吸引女孩子的注意，當時的舶來品很流行，我看人家穿一雙日本 HARUTA 的皮鞋很帥，鞋頭亮亮的很漂亮，很想買，但一雙的價錢當時可以買三雙球鞋，於是我就跑去統一麵包超商打工，自己賺錢買鞋。」為了美的事物，他可以放棄假日休息玩樂的時間，拚命賺錢只為將東西買到手。

高中畢業後，丁哥在服飾品牌擔任倉管，要跟著貨車司機到處送貨，他開始記下行車路線及注意事項。「眷村的叔叔伯伯們很多都開計程車，我覺得開車很自由，又可以賺錢，平常有車還能代步，因此也開始開車。」

丁哥二十一歲時，白天在五金行送貨，晚上念專科夜校，下課後還開計程車到深夜。就這樣白日夜晚兩種工作，讓他跑遍整個大台北地區，熟記大街小巷的行車路線。

「我住五股，那時候沒有捷運，五股連一間便利商店都沒有，晚上開車很少空車的，很多人會路邊叫車。」那是個計程車業興盛的年代，只要認真跑車，收入常會高於上班族的月薪。但是丁媽媽不喜歡，覺得開計程車沒出息，專科畢業應該找份穩定的工作，丁哥甚至還因為堅持開車而與當時的女友分手。

不過這些都沒有影響丁哥對於開車的熱情，退伍後他持續白天上班晚上開車，直到二〇〇五年他抽中了計程車業界人稱「中樂透」的桃園機場排班車，正式開啟全職的計程車司機生涯。在三年的排班車合約到期前，為了之後仍能有穩定客源，他加入車隊，並拓展出「藝人指定車」這條路線。

藝人指定車

因為愛漂亮、喜歡閃亮亮的東西，所以丁哥的車也妝點得十分耀眼。車子內外乾淨是基本，每週打蠟更是他的堅持，而各種裝飾令人眼睛為之一亮。除了車身、車燈小改裝外，後擋風玻璃上還放著一排可愛的小綠人跑馬燈，開車時就是小綠人走動，煞車時就是小紅人停著，後方的人車看了都能會心一笑；而車內從駕駛座的方向盤、中間的排檔底座、排檔桿、中控台各式旋鈕、按鍵，直到上方的後照鏡……等處，全都鑲滿了水鑽，如此夜店風格的小黃，常讓不少乘客一上車就驚豔不已。

剛入隊那年，習慣開夜班車的丁哥，某天凌晨一點多接到位於內湖的三立電視台叫車任務，當天對方一次叫了五台車，上他車的是一位剛出社會的年輕妹妹，妹妹一看到他車上的「裝潢」，立刻往前靠向中控台看那些水鑽，驚嘆地跟他說：「你的車好炫喔！」接著就熱情地跟他聊了起來，也讓平常不主動跟乘客聊天的丁哥，開啟話匣子。

原來妹妹是知名模特兒公司的宣傳助理，常要帶藝人四處拍片錄影或跑活動宣傳。她下車前主動問道：「大哥，那我可以跟你叫車嗎？我是企業簽單，你會排斥嗎？」

他回：「不會啊！」

她說：「我過兩天拍外景，凌晨五點要到國光客運搭車，你可以來載我嗎？」

他回：「好。」

接著她又問：「大哥，那你可以叫我起床嗎？」

雖然是個突兀的要求，但他還是欣然同意了。

當天一早，丁哥打給她：「起床囉！我在樓下了。」

對方回：「好。」

掛上電話後不久，她就出現了。

一上車，她說：「大哥，你怎麼沒叫我？」

他回：「有啊！你還跟我說好欸！」

她說：「沒有啊！真的沒有。」

他們兩人立刻對了電話號碼，結果發現丁哥抄錯一個號碼，根本就打錯電話了！因為接電話的人也是個妹妹的聲音，加上還回了他好，所以丁哥也沒想太多地搞了個烏龍，兩個人在車上大笑出聲。

自此之後，助理妹妹就經常叫他的車，次數頻繁到可能一天四、五趟，因為她的叫車時間都在白天，持續兩、三個月後，丁哥就從夜班改為開白天。

有次，助理妹妹幫一位正當紅的女藝人叫車，這位女藝人是第一次搭他的車，一上車就全身往下縮著坐，約一七五公分的身高，整個縮到擋風玻璃看不到的高度才停止。

丁哥因為自己愛漂亮，所以在方向盤旁邊放了一個小鏡子，方便自己隨時留意儀容。這位女藝人的視線剛好對上那個鏡子，就略帶不悅地說：「你放那個鏡子要幹什麼？」他回答：「因為我自己很喜歡照鏡子。」那趟車程結束後，這位女藝人許久都不坐他的車，猜想可能是那面鏡子讓她感覺不安吧！他告訴自己別多想，但心中仍惦記著這件事。

一開始助理妹妹和她的同事外出開會，或帶藝人跑行程時會叫他的車，因為他話少，不愛聊天、不愛八卦，慢慢取得不少藝人的信任，而且他熟悉路況，能掌握速度又平穩，也讓藝人們可以在車上舒適地休息。於是越來越多的藝人指定叫他的車，車上的藝人也越載越大咖，之前那位女藝人似乎也得知他的好評，便放下戒心，又開始坐他的車，「我只要載到她，就會先把鏡子拿下來。」讓乘客安心，是他一貫的服務原則。

使命必達，躲狗仔、趕行程

「我開計程車不是要賺很多錢，我每天有一個目標營業額，當天達到目標就夠了。所以我載他們真的很開心，不僅可以快速達成目標，還能每天看到藝人，去一些平常不會去的漂亮景點。」

因為常載著藝人上山下海拍片跑行程，他間接知道了許多厲害的景點或餐廳，不過這些地方通常地處偏遠，而他大多需要等藝人結束行程後載他們回家，才算完成任務，因此一趟行程中，往往等待比接送時間長很多。

「有次送藝人去拍片，對方跟我說下午五點結束，結果那天一直等到凌晨。」丁哥習以為常地說，而他的行程也常跟著藝人的行程轉，「那時候有部劇很紅，常拍到凌晨一、兩點才能載藝人回家，四、五點就又要出門拍片……我就乾脆停在他家附近，直接在車上睡。」

我忍不住問丁哥：「會不會覺得這樣很累，很浪費時間？」他回：「我覺得藝人們真的很辛苦，我在那邊等，讓他們下班累了就有車可以直接坐回家，也不用擔心司機會把他載去哪，因為他們跟我都很熟了，可以一路睡回家。」跟藝人們相處久了，他看事情的角度也與一般人不同。

「我那時最常被狗仔跟。」他頻繁接送藝人的那段時間正是偶像劇的戰國時期，觀眾討論的不僅是劇中角色的感情發展，也關注這些藝人戲外的感情生活。當時他接送的幾位都是正當紅而緋聞滿天飛的藝人，「我都是直接到家裡地下停車場接他們，出來後遇到綠燈就慢慢開，看到黃燈瞬間快衝，然後馬上轉進小巷。下車時，如果沒有地下通道，就迅速倒車到有屏蔽的死巷或牆邊。」

因為遇到狗仔的次數實在頻繁，他練就了辨識狗仔的技巧，「我到現場都會先觀察附近，有沒有箱型車或休旅車發動著停在旁邊，還有，他們的車窗玻璃都很黑，車牌也大多是R開頭的企業租賃車。」他熟悉地細數狗仔特徵，「遇到狗仔的車牌我全都背下來了。」因為丁哥熟練的開車技巧和機警反應，成功躲過數次狗仔的跟蹤，藝人們也越來越信任他。

後來那位助理妹妹轉到唱片公司工作，丁哥載的藝人也從名模、演員變成歌手，接送的地點從片場變成簽唱會或演唱會場。「我常載歌手到現場後就到後台幫忙，經紀人或助理要忙的事情很多，我就幫忙摺摺海報之類的。」在後台，他可以從彩排就開始看免費表演，唱片公司也樂得多一個人手幫忙做事。

「自從開始載歌手後，我常會站在歌迷的立場想，想讓他們開心，所以載歌手去現場或是離開時都會放慢車速，讓歌迷們可以多看自己的偶像兩眼。」這時的他，關心的不僅是藝人，連藝人的粉絲們，他也放在心上。

多年前的跨年夜，一位剛出道沒多久就紅翻天的歌手，在這一晚要連趕四場演唱活動，由丁哥負責接送北部場次，第一場是晚上七點在桃園藝文特區唱開場，第二場是八點二十分在台北市政府演出，再接送到高鐵站，讓歌手南下高雄進行第三場。

經紀人事先詢問丁哥行車的路程與時間，他說明最快三十分鐘可以抵達台北，但是必須在第一場表演的時間無延誤，路況也是最佳狀態的前提下。因此當他拿到行程表後，除了仔細研究各種路線外，心中也升起一陣焦慮，不斷祈禱跨年夜不要出任何差錯。

當晚，歌手在桃園表演結束約晚上七點半，他必須趕在八點前將歌手送到台北市政府後台，才能準時登台演唱。但週五的跨年夜晚，前往參與活動盛會的民眾，加上剛下班的人們，人潮車潮都格外擁擠。丁哥謹慎避開塞車路線，以最快的速度趕往台北，車上的經紀人也不斷收到台北打來催促的電話，因為每個現場都是 Live 直播，電話那頭說如果趕不上，這位歌手的表演就要拉掉了，但這是這位歌手第一次登上台北跨年的舞台，意義重大。當時身負重任的丁哥，就像電影《終極殺陣》中的丹尼爾一樣，依照預設的路線和熟練的開車技巧直奔目的地，最後比預定時間提早兩分鐘抵達現場，成功達陣。經紀人也忍不住驚呼：「幸好趕上了！丁哥你真的太強了，沒你我怎麼辦啊！」

開心生活，樂在開車

除了熟悉路況、開車平穩又靈敏外，可以配合這樣趕時間，以及日夜皆可出車的機動司機，業界實不常見，所以不僅經紀人或助理喜歡與他合作，藝人們也口耳相傳指名坐他的車。

某次他跟一位熟識且喜歡車子的藝人聊起自己即將要換新車的事，對方馬上跟他說：「換新車好啊！大哥，你去我改裝的車廠那裡挑一組喜歡的鋁圈，我送你。」他直覺的回：「真的假的？」對方馬上說：「當然是真的啊！」雖得到肯定答案，但他還是不以為意，沒放在心上。

沒想到，隔天車廠直接打電話給丁哥，請他到店裡挑選鋁圈，「我沒想到他真的要送我，當下很感動，自從我接送藝人，就把他們當成自己的朋友甚至家人，知道自己的真心付出被看見時，就覺得一切都值得了。」

每次承接任務時他都很開心，「我很喜歡開車載藝人，賺的錢跟你在市區繞來繞去賺的錢一樣，還有機會看表演，中間如果有空檔時間，又可以去附近的景點逛逛，很好啊！」雖然曾有幾位藝人因為一些溝通上的誤解不再叫他的車，讓他十分難過，「我覺得我一直都替他們著想，卻因為誤解就斷了緣分，當下蠻傷心的。」接送藝人至今十多年，與藝人和粉絲們的連結，已經成為他生活的一部分了。

「我覺得他們真的很辛苦，成功藝人的背後其實都付出很大的努力。」看著這些藝人們，讓丁哥對於開計程車的工作有了不同的體悟，「以前我還會因為堵車或是客人被搶走而煩躁生氣，但現在都不會了。堵車就堵啊！更別說，下一個客人會更好，幹嘛要為了這些心情不好。你心情不好，車就不會堵嗎？客人就會回頭嗎？不會嘛！快快樂樂過日子不是很好。」

丁哥的外表完全不像計程車司機，他的心態卻是最適合當計程車司機，他不以賺錢的角度來開車，而是以捨得的心態對待開車這件事，把開車的樂趣融入日常中，絕對是樂在工作的最佳代言人。

丁哥給讀者的話

每天開開心心地生活，就是年輕的不二法門。

12 退休後的第二人生

車隊的司機只要聊到日本相關事務，多數人都會提到他——陳威森大哥，他是車隊日語社的老師，也是一位小黃司機。

威森大哥五十四歲從職場退休，為了讓生活多點樂趣，同時賺點生活費，他開始開計程車。加入車隊幾個月，碰巧日語社成立招生中，他好奇地詢問社團的活動細節以及課程內容，才知道社團也在招募老師。對方跟他聊了一會，知道他的日本經驗後，立馬建議：「那你來當我們的老師好了！」就這樣，他成為日語社老師，一眨眼也將近十年。

愛上日本

他的日本經驗，其實是從小累積的，由於父母成長於日據時代，在家經常以日語對話，媽媽又是高中老師，教了許多日本學生，雖然對孩子都說台語，但玩耍或哄睡時唱的兒歌多是日語，耳濡目染下他也習慣日語的環境，「我不記得什麼時候把五十音記下來，但那時我只會唸，不知道字長怎樣。」他說起自己的兒時記憶。

二十二歲退伍後，威森大哥進入知名食品公司當業務，工作沒多久，某天媽媽問他要不要去日本看看，他也想趁年輕時多走走，便獨自飛往日本大阪，住在媽媽的日本朋友家。「這一看不得了！光是看到新幹線，就讓我很驚訝，新幹線是最新科技，又乾淨，服務又好。在當年，那樣的車子外型實在非常好看。」

在日本三個月，他除了到處看看，也在媽媽朋友家的餐飲店幫忙，「他們沒有把我當員工，所以沒有什麼上下班時間，需要幫忙的時候，就會叫我。」他笑說，在那個還不知道 homestay 是什麼的年代，他就已經開始 homestay 了。

「我帶了一本蔡茂豐老師編著的日語學習書，想說以防萬一。」沒想到，他到了日本以後，這本書成了他最重要的寶物，每天連散步都隨身帶著，「一開始語言不通，我會聽，也稍微會說，但看不懂。」媽媽的朋友常常一邊說著日語，一邊指著書上對應的文句，讓他認識這句日語的文字，「我看著文字的排序，一個字、一個音地對上，然後嘗試著自己唸。」三個月的時間，他學會了日語。

「學語言就是一個契機，沒去日本我不會想學日語。」因為一個 homestay 的機緣，他真正開始認真學習日語，也啟發了他對日本的熱愛，「這裡有太多令人驚奇的事物了，一定有我可以學的東西。」他說話的眼神閃閃發光，談到當時毅然決然做了決定，回台後要再找機會到日本，「當你看到那個激發你的光，會想去深入了解那道光是什麼顏色？什麼功能？想抓住它。」他準備循著那道光的方向，到日本探索它。

「這次就一去不回頭了，我已經準備好，就算不回頭也沒關係。」他先回台灣辭了工作，「主管那時候問我什麼時候回來，我說：『不回來了！』」他這次不再只是看看，而是下定決心，並做好準備，迅速辦理了相關手續，出發前往日本。

對日本熱愛的轉化

重回日本，威森大哥先念了半年的語言學校，穩固日語基礎，考上A級檢定的資格後，進入日本大學的日文系。雖然他攻讀的是提供給外國人的特別課程，但外國人念日文系，仍是相當困難，「我覺得，這讓我有機會深入了解日本文化。」

四年的求學生涯，他對日本深深著迷，「我最喜歡日本的歷史，尤其是戰國時代的武田信玄，他出生在日本內陸的山梨縣，那裡的土地貧瘠，他領導著最強騎兵隊一一收服其他地區，連織田信長都怕他。」他描述這位日本歷史課本中出現的戰國第一名將，臉上出現了崇敬的神情，接著他又談起另一位知名武士，「豐田秀吉長得個兒矮、尖嘴猴腮，面目醜陋，就是猴子一隻，一句話就把四十多人抄家滅族。」他對日本武士們的故事如數家珍，將日本歷史描繪得活靈活現。

「日本人很擅長將歷史變得親近、有趣。」他聊起日本將歷史畫成漫畫或寫成小說，用說故事的方式，讓一般人更加易懂、好讀，這也成為他日後教學時運用的小技巧。

除了歷史，威森大哥對日本的地理也相當熟悉，「日本天災多，因為處在四個板塊的交界上，板塊一移動，地震、火山活動，或是海嘯等都可能發生。」他說道，日本有許多因應災難而研發的細緻設計，讓日本產業的鑽研能力技高一籌。

在日本念書的同時，許多媽媽以前教過的日本學生或是朋友，都會介紹打工的機會給他，他曾在餐飲店、機械公司、半導體公司等打工兼職，「出國時，媽媽給了我八千日幣，連學費都不夠繳，一切要靠自己賺。」他白天上課，晚上打工，常常連著幾天沒睡，但樂觀的他從不喊苦，就這樣半工半讀地完成了學業。

畢業後他便留在日本就業，到靜岡的油壓機械公司上班，「語言跟得上，你就是自己人，語言障礙通常是歧視的開始。」當時的他因為語言溝通無礙，跟同事之間的相處跟日本當地人沒有兩樣。

威森大哥原以為會如出發時所想的，一去不回頭，深耕日本，但三十歲那年，媽媽得了腎臟病，他回台照顧媽媽，也終止了八年的日本生活。

回台後的他，進入日商貿易公司當業務，因為語言的優勢，加上在日本讀書工作多年，結識了許多日本朋友，連日本各地的方言他也耳熟能詳，他就跟日本同事一樣，一個人獨立帶著日本來的客人到台灣及中國各地找貨，小至洽公拜訪，大至商業談判等，同步翻譯與人溝通。

經常在亞洲各國出差的業務生涯，讓他有機會跑遍了中國大江南北，和日本從北到南的各個地區，「光日本我就跑了一百多趟，神戶大地震時，我就在神戶出差。」當時他雖曾創下年營業額八百萬美元的傲人業績，但四處奔波的勞頓疲累，和耗神的龐大業績壓力，讓他在五十多歲時就自請離職，「飛機坐多了，一點噪音都會怕。」飛機上的負壓，讓他感到身體不堪負荷，加上父母離世，孩子也都大了，選擇提早進入退休生活。

意外拾教鞭

威森大哥剛從日本回台灣時，除了上班，晚上曾經到補習班兼差教日語，「那時候其實對教書沒興趣，只是想多賺一點錢。」他察覺到自己的不專心，認為這樣對學生也不好，所以教了一陣子就不再兼職教學。

直到他退休進入車隊後，意外地再次重拾教鞭，「總共可能教過五百多人吧，通常一班二十多人，最高峰曾經一班有五十多人。」他沒想到的是在人生走了一大半後，重返教學的行列。

我問他，在補習班教學和教司機有何不同？他說：「到補習班上課的大多是年輕人，通常是工作有需求來學，或是覺得以後的工作會用上；司機年齡大多偏高，他們會問我：『我年紀都這麼大了，學這個有什麼用？』其實他們是需要，但又不期待。」

因為許多司機覺得學日語是可有可無的一件事，他們認為碰到日本客人時，比手畫腳就好，但他跟司機說：「那些補習班的年輕人學完出去都不知道何時用得上，你現在隨時都有可能接到日本客人，馬上用得到，那為什麼不學？」

威森大哥談到了語言的力量，「今天一位日本客人下車時，你用中文說二百五十元，對方可能傻在那裡，當然你也可以用比的，但如果你是用日語說出，馬上就拉近了你們的距離。」他說道，和對方用相同的語言溝通，能增加貼近彼此的熟悉感，「稍微多付出一點，國外乘客的感受就會大不同。」透過語言的力量，一秒就能打通跨國之間的交流。

他聊到自己的經驗，「來台灣求學或工作的日本人，他不希望你跟他說日語，因為他是來學中文的，但是來台灣玩的日本遊客，他會有點不安，你跟他說日語，他就覺得你很親切，像是遇到同鄉。」他也將自己的優勢完全發揮在開車中。

他加入車隊後不久，就考取了日語導遊證照，帶日本客人在台灣旅遊，對他來說是小菜一碟，「剛開始時，我的回頭客人其實不多。」我聽到這句話十分詫異，語言無礙的他，理應是客人接不完才是吧！

他說當時遇到一位回頭客，忍不住問對方：「為什麼客人都不回頭來找我？」對方回答：「因為你太專業了，他們會想，找你可能比較貴。」恍然大悟的他從沒想過是這個原因，不禁笑了出來。「我只是想讓自己快樂，讓客人快樂，客人的一個眼神，一個微笑，都是我的成就。」

威森大哥現在幾乎每天都會聽或看日本的新聞、戲劇，持續更新日本現況的資訊，學習新的應用日語，隨時學習、隨時進步，「語言雖然是溝通工具，但它也是一種文化，是活的，像人一樣，會隨著時代而改變。」這點也呼應到他的教學內容，他說：「一個日文字，我可以講一個鐘頭。」我想，他對日本不僅是喜歡，而是深愛。

其實他在課堂上除了教日語，還融入日本的時事、歷史、文化等，「我現在覺得教司機很有趣，可能他們年紀比較大，對日本歷史往往很感興趣，我的教學就像在講故事一樣。」他不僅自己學習，更將新知分享給司機學生們，他對日本文化有深度的理解，感覺是個比日本人還道地的日本人。

「我教課的時候會很亢奮，有時候可以連站六個小時都不覺得累，但一下課就站不住了，所以並不是真的不累。」上課時，他樂於分享，情緒興奮，腎上腺素飆升，因此不覺得累，但一下課，年紀稍長的他，明顯感受到體力的消耗，「不過，我覺得社團凝聚了大家，而且有老師帶著學習很好。」這樣的動力，讓他從不因身體疲累而退縮，為了讓更多司機學習日語，他沒想要停下腳步。

「我很喜歡上課，我教的他們一定用得上，因此希望他們學會，多增加一種技能可以讓自己變得更強！」他說學生分成主動型和被動型，教被動型的學生很有挑戰，幫助這類學生突破，看到他們成長，等於實現教師的自我價值。

「我教了這些司機後發現，學習不只是小孩子和年輕人的事。」看著學生通過日語檢定，「那真的讓人很高興！學生的進步是老師的成就，我很喜歡跟大家一起成長。」

學習的目的是快樂

「司機其實是最有時間可以學習的。」因為他自己也是一名司機，所以比一般的老師更了解司機工作的時間狀況，他知道司機有許多零散的空檔，例如排班候客，或是路上閒晃等客人上門時，都可以靠「看」、「聽」、「讀」來練習日語，自主學習。

威森大哥準備舉辦朗讀比賽，他發給學生一篇約五分鐘的短文，讓他們事先練習後在課堂上朗讀，「光是排班的時間，可能這篇文章練習了兩次，都還沒等到客人。」從他興奮的神情，看得出來他對這場比賽的期待，以及對學生的高度冀望。

他驕傲地談起五十多歲的劉大哥，跟著他學日語七年，從原本五十音都不會，到現在已經可以跟日本人對答如流，「學語言就像你眼前有片大海，看你要不要跳下去，跳下去，海那麼大，學都學不完。」他對「學海無涯」一詞做了形象生動的詮釋。

只要談到學習，威森大哥就衝勁十足，「我現在每天都覺得時間不夠用，因為要學新的東西，我想活久一點，一直學習。」威森大哥只要發現一個問題，就想方設法去鑽研，有時可以為了研究一個主題，整個晚上看資料不睡也沒關係，儘管年紀大了，隔天身體會感到疲累，他也覺得無妨，「因為我很開心，學習的目的就是要快樂！」把學習視為日常習慣，他徹底實踐了「樂在學習」的精神。

「年紀大的人容易想太多，其實不用想太多，想過頭了，往往什麼都沒做，你不行動不行，行動才是最重要的。」他再三強調行動的重要性，如他在一開始採訪時便說：「我這幾年都很快樂，因為我一直到處學。」透過學習探索未知，他也在探索的過程中享受快樂。

威森大哥給讀者的話

人生不會無聊，不會孤獨，要積極地學習，尋找快樂。

13 生命中最重要的寶物——小黃和尺八

「做一把尺八一般是五年，最快也要三年，所以買尺八是要拿錢去排隊的。」張江谷大哥一邊說、一邊打開裝著尺八的黑色袋子，三支竹製管樂器立刻映入眼前。尺八源自中國，於唐朝時傳入日本而發揚光大，管寬比洞簫稍粗，底部有著明顯竹節。「這支美金三千塊，這支日幣四十萬……加起來可以買三輛摩托車。」從不認識尺八的我，一聽到他這麼說，趕緊縮回快摸到尺八的手。

他順手拿起其中一支，製作者是尺八領域中最知名的國際級演奏家海山（John Neptune）。海山老師是一名美國人，年輕時就前往日本學習尺八，學成後跳脫尺八音樂的範疇，喜歡用尺八演奏西洋爵士樂，專輯遍及歐、美、台、日、中等世界各地。「我老婆以前不知道尺八價格，因為要買這一支，我錢帶不夠叫老婆去提，她才知道多少錢，整個嚇到！」他笑著說。

「工很細，每一個孔都要看音準對不對，不對就磨，磨完要等乾了才能再試，不對再磨，再放乾，一而再，再而三。」事實上，尺八的製作從選竹子開始就是一道工藝，除了大自然的恩賜，更得倚賴老師傅的細緻工法，也難怪尺八的價格如此高貴。

他拿著手上的尺八，驕傲地說：「你知道有多少人哈我這支尺八嗎？我今天帶來的都是世界級、可以直接錄音的高級樂器。」他信手拈來開始吹奏尺八，初聽音似洞簫，但細聽會發現，洞蕭音色清亮澄澈，秀氣文雅，像是位中國古代女子，而尺八音色則較為渾厚飽滿，蒼涼遼闊，就像是位東洋武士。

「不管誰肖想買我的尺八，我都說是非賣品，賣了它比賣老婆還嚴重，怎麼可以！」這段話張大嫂聽到可能會生氣，但如果看到他嚴肅的表情，應該也和我一樣，很能感受他無比珍愛尺八的心。

愛上尺八

江谷大哥喜歡音樂，緣起於六歲時，有一次阿嬤帶他到板橋找朋友，他聽到附近巷弄內有人正在吹洞簫，那是他第一次聽到洞簫的聲音。他覺得簫聲好美，心裡默想：「等我長大，一定要學洞簫。」

小學畢業時，偶然聽到鄰居正用洞簫吹〈暗淡的月〉，美妙的音色讓他更加深對洞簫的想望，默默地把這首曲子記在未來要學習的曲目中。

疼孫的阿嬤發現他喜歡洞簫，就在他十四歲那年送給他人生中的第一支洞簫；他開心地自己摸索、四處找書，每天練習到終於自學而成，「我還參加學校舉辦的洞簫比賽，得了第一名——因為沒有其他參賽者了。」才剛說完，他自己就先笑了。

也就在那時，他意外聽到一張日本知名演奏家村岡實錄製的演奏專輯黑膠唱片，覺得相當動聽，原本還以為樂器就是洞簫，但是用洞簫練習這首日本曲後才發現，「奇怪！不管我怎麼聽，都覺得key差了一點。」後來才發現，原來吹出那張專輯的是日本尺八。

兩年後，某天逛到中華商場的一間樂器行，意外發現了一支尺八，讓他眼睛為之一亮！轉頭問老闆價格，老闆看他還是個孩子，輕蔑地說：「這個你吹得出聲音嗎？」年紀輕輕的他沒想太多，拿了就吹，意外的吹出了聲音，連老闆都愣住，因為許多人在剛開始接觸尺八時，是連聲音都吹不出來的。那天他就帶著那把尺八回家，從此正式進入了尺八的世界。

尺八因為長度多為一尺八寸（約五十五公分）而得名，以竹子根部製成，表面看得到大塊竹節，形狀及演奏方法都跟洞簫相近，所以他一開始也是用吹奏洞簫的方法來吹尺八。但尺八的頂端吹奏口是半斜切的大開口，不像洞簫是小小U型或V型吹口，吹奏時需要大量的氣，音量也大於洞簫。

就是因為吹奏口為外切型，對於氣流相對敏感，要能靈活運用口風變化，才能完全展現尺八的特色——音色比洞簫更豐富多變，所以吹奏者對於掌握尺八的技巧難度也更高。「要吹好尺八有三個條件，氣指舌要合一，氣要足，指法要熟練；舌就是口風，口風要正確，但最重要的還是氣息的運用。說起來很簡單，練起來你就知道有多難。」

台灣不流行吹尺八，熟悉者不多，想學也不容易找得到老師。江谷大哥成了少數的尺八演奏者後，「樂理我不懂，就去問老師，至於吹奏尺八的技巧，老師反而要問我。那些會來問我尺八的，音樂基礎都比我好，都會很多樂器，鋼琴、薩克斯風、黑管……，只有尺八不會。」他說自己不是老師，但我知道，每個來找他的都喊他老師。

即使已經會吹洞簫，剛開始學尺八的他，還是練習了一個月才終於吹出像樣的聲音，「有的人吹洞簫一、二十年，遇到尺八就歕袂彈（台語，吹不出聲音），很沮喪地來找我；我跟他們說，你以前吹什麼都把它忘掉，這個吹法不一樣，只要有心，你就學得會。」他也曾接到台北最大國樂樂器行的邀請去教尺八，但上了幾期後，覺得交通支出等不敷成本而作罷。

「只要有人來問我尺八，我都免費教學，但也都會跟他們說，最好的老師是ＣＤ。」

他學尺八，除了樂理問老師外，其他就是靠聽ＣＤ自行模擬音階，摸索口風的運用，「我都要他們自己先摸索，不知道問題在哪再來找我；現場一看，我就能針對問題點直接教，這樣他們練習起來就會有信心，學起來也比較快。」他把自己花了十年摸索才學會的尺八技巧和祕訣，全都無私地分享給後輩。

很少有人像他一樣，光用耳朵就分辨得出洞簫和尺八。因為尺八在日本是相當成熟的樂器，車隊的日文老師威森大哥也常邀請他到課堂上去演奏。某次，有個學生聽完課的隔天就自己跑去二重疏洪道下買了一張尺八ＣＤ，但怎麼聽都有點不太一樣，於是拿來問他，「我一聽就知道，裡面只有一、兩首是尺八，其他都是洞簫。」

小黃才是大老婆

「我的大老婆是小黃，二老婆是尺八，第三才是我老婆。」他笑著說。直到這時，江谷大哥才聊起正職——計程車司機。

他還小的時候，爸爸是三輪車駕駛，常會帶著他騎三輪車；因為常有乘客會拿棒棒糖給他吃，所以他從小就很喜歡開車這個行業。長大後，為了幫家裡經營的鐵工廠省錢，當兵前就學會開小貨車，幫家裡送貨。

退伍後，鐵工廠因故關廠，經濟陷入困難，爸爸對他說：「你是長子、又是長孫，要栽培弟弟妹妹。」他想著家裡的狀況，看著小他七歲、當時正在讀建中的弟弟和更小的妹妹，「丟無法度啊！我一定要自己找出路。」

於是，他到另一家鐵工廠送貨，但薪資低到只有七千五百元，所以幾個月後就去考職業登記證，改開計程車，「當年跑車賺的錢比較多。」他大致算了一下發現，開車賺的錢約是送貨的四倍之多，「那時候我年輕力壯，除了睡覺都在開車。」因為有跑有錢賺，幾乎都不休息，長期憋尿的結果，讓他得了司機常見的職業病——尿路結石。

開了快兩年的車、也存了點錢後，姑丈看他很辛苦，就跟他說：「你開車這麼累，做這個又沒有前途。」於是介紹他進入歌林公司當營業業務。因為是被引薦進入公司，在人情壓力下他更要求自己，沒多久就闖出全台第一的好成績，也在這時認識了老婆。

「那時她去買音響，我剛好去經銷商那邊，新的經銷商不會介紹產品，我就幫他介紹。」在他的解說下，未來的老婆不但買了音響，他也藉著「親自到府安裝」而認識了她。「她是長女，因為爸媽都不在家，要自己照顧弟妹……，我那時看她幫七歲的弟弟洗澡，很善良、很勤儉的樣子，就認定是她了。」

追老婆時，江谷大哥也用上了最拿手的本事，「我用洞簫吹了一首〈碎心戀〉給她聽。」看來，學音樂確實不只能療癒自己，也能讓人贏得人生伴侶。

很快地，他們就結婚生子了，他在公司也一路快速爬升，不到一年的時間升任主管，「那時兩個地點有主管缺，台中和花蓮，我選了花蓮，因為花蓮生活費比較便宜。」

雖然業績依舊嚇嚇叫，但畢竟是花東地區，人口少，銷量再衝也是不多，月薪加上主管加給也才兩萬多元，而且弟弟當時還在讀大學，住宿費跟伙食費都由他負擔，孩子剛出生的開支也很驚人，既然過去開計程車賺的比當時多很多，何不走回頭路呢？在老婆的支持下，他毅然結束了不到兩年的上班族日子。

「因為在歌林是做業務，所以我每個月都會設定目標、統計營業額，每天記帳並做客戶分析，這個月該跑多少都很清楚。」有了歌林的經歷後，江谷大哥再開計程車就改採目標管理，里程數自是不在話下，「我開車四十年了，算一下大約開了二百四十萬公里，至少可以繞地球六十圈。」

四十年、二百四十萬公里的開車職涯，也讓他對計程車這個行業有獨到的見解，「乘客花一點代價坐我的車，我可以幫乘客省時間，所以我們是雙贏。」他對於後進的司機們有些叮嚀——「計程車這個行業是很神聖的，你要有把乘客安全載到指定地點的使命感、責任感，要有業績目標，達到了就是種自我肯定，要把工作娛樂化，才能天天快樂開車。」老司機的每句話，都是累積了多年經驗的智慧結晶。

兩個願望一起達成

現在的江谷大哥很滿足，因為實現了小時候的兩個願望，「我長大可以一直開車就好了。」、「我長大可以吹洞簫就好了。」但他不只達成願望，還更進一步完美結合了兩者。

「我把尺八音樂當成交朋友的橋梁，以樂會友。」某次載客，剛好載到一位曾在日本開卡拉ＯＫ店的老闆，一上車聽到他放的尺八音樂就相當感動，彷彿他鄉遇故知般，兩人在車上熱絡聊天，享受了一趟美好的路程。

「錄ＣＤ是對自我的肯定。」他不單只是演奏，更找了專業錄音室錄製個人演奏專輯，追求完美的他不斷重錄，只為了留下尺八最美好的聲音。

曾有一位女乘客在車上聽了他的尺八專輯後，問他：「運將，你這ＣＤ哪裡買的？」「沒啦！這我自己吹的。」女乘客既驚訝又很喜歡他的演奏，於是把他車上剩下的兩張ＣＤ都買下來。一聊之下才發現，原來這位女士是唱片行的老闆，自己的音樂得到專家認同，讓他尤其開心。

此外，更有位專門教演歌的音樂老師一聽完他的專輯就說：「聽你的CD可以讓情緒穩定下來。」說到這裡，他熱切地送我一張精心錄製的CD，「心情不好的時候聽，會很有感覺。」那個當下，我心裡想的卻是：光是回想起他開心聊尺八時的神采，我應該就會開心起來了。

「錄CD的時候，我學到演奏時要放感情；所以現在我如果有現場演奏，都會先說個故事。」其中的一個故事，緣於他休息日都到基隆暖暖的龍門山觀音堂、在山頂上練習尺八的習慣。

某次，遇到不認識的山友看他帶著尺八，好奇地請他吹奏一曲，他一邊演奏著曾被日、台翻唱的韓國演歌〈雨中的永東橋〉，一位外省阿姨聽著聽著就哭了起來，連聲跟他說：「真的太感動了。」原來這首曲子讓阿姨一聽就想起了過去無緣的感情。他看到阿姨如此深受感動，原本不吹國語歌曲的他，加碼演奏了一曲〈何日君再來〉，阿姨聽了又再次感動落淚。

另一個動人的故事，是某次他跟幾個朋友在萬里一處農園聚會，興致一來，開始現場演奏尺八，演奏到第二節時，他發現一個女生感動到哭了起來，演奏魂瞬間激升的他，心裡想著，「我要用生命吹給你聽。」更加投入情感演奏後，不只那個女生，現場的聽眾都深受感動，熱淚盈眶地為他鼓掌。

神清氣爽的人生下半場

對江谷大哥來說，最重要的一場演奏是在女兒的婚禮上。他的女兒從小自主獨立，清大畢業後到法國留學攻讀研究所，「我千算萬算，算不到她會交一個阿度仔啊！」因為女兒戀上了法國人，雖然女婿願意來台發展，但女兒堅持留在法國，「家已生的，無法度啊！」

為了這個他從小寶貝的掌上明珠，也是令他驕傲不已的女兒，結婚前他遠渡重洋到法國見親家，不忘帶上他的尺八，吹奏給親家公、親家母聽。婚禮當天，他也特別換上和服，現場演奏；幾年後的現在，他也會大材小用，在越洋視訊中用尺八吹〈兩隻老虎〉給他三歲的可愛混血兒外孫聽，用他最鍾愛的尺八，把他的愛傳達給每一個他生命中最重要的人。

真正持續吹奏尺八二十多年，尺八跟他密不可分。「尺八是我生活中不可或缺的一部分，是我生活的重心，就像吃飯一樣，如果我一天、兩天沒摸尺八，第三天一定會去碰。」

「吹尺八就是爽！因為吹尺八要吸入大量的空氣，一吸一吐，可以讓自己的心情變得很好。」這種說法，彷彿吹尺八就像練氣功或瑜珈等，運用吐納呼吸，大量換氣，讓體內氣體循環，活化及淨化細胞，排出廢氣，自己隨時能保持神清氣爽，心情愉悅。

「雖然我不是很有錢，但錢不花就不算是你的。活到這年紀了，錢要用在自己身上，所以我買車、買尺八。」人生觀豁達開朗的他說：「人是為了興趣而活。」

江谷大哥的人生前半場都在為家人打拚努力，到了人生後半場，他決定要多愛自己一點。

江谷大哥給讀者的話

盡你的人生義務，享受中間的過程。

14 我們都在做著自己喜歡的工作

前些日子，藝人 Lulu（黃路梓茵）在臉書上發表了一則有關 Uber 進入台灣計程車業的文章，大家這才知道，原來她的父親——黃路家翔大哥——不但也開計程車，還是車隊的資深隊員。

知名藝人通常會避免談及娛樂外的話題，但因為爸爸是計程車司機，他對這個產業有些觀察和了解，「計程車司機永遠不知道開車門的人是誰，上了車，便需要對乘客負責，也對彼此的生命負責。」關於某些民眾對計程車司機的批評，像是：「愛繞路」、「抽菸嚼檳榔，車上很臭」、「很愛聊政治話題」……Lulu 不是很認同：「這樣的說法一竿子打翻一船人，總有好的計程車司機呀！我爸就是，他把乘客當自己家人一樣照顧，親切的問候、跟乘客確認車內溫度、廣播音量大小、希望的行駛路線、幫忙搬運行李……至於政治，我那對政治一竅不通的老爸，常連誰選上都不知道呢！」身為一位計程車司機的女兒，Lulu 從自己的感受與了解，為這群正直的好司機發聲。

家翔大哥看到女兒這篇文章時，偷偷掉淚，「我以前其實有點自卑，覺得自己只是開計程車的，但她居然毫不掩飾地說出來，不覺得爸爸做這個工作不好，我真的很感動，生這個女兒值得了！」

Lulu 的媽媽說：「他開計程車，我當保母，我們的工作並不是那麼光鮮亮麗，但身為藝人的她有勇氣講出來，我覺得養這個女兒，很開心！」雖然擔心女兒會被輿論抨擊，但夫妻倆也因女兒的體貼懂事而深受感動。

「我們的重心就是這個家，就是兩個孩子。」家翔大哥說，原本因採訪而稍顯緊張的表情逐漸柔和下來。

打不死的蟑螂

走進他們的家，小小的客廳裡充滿大嫂的用心布置：右邊牆上貼滿一家四口的照片和Lulu的宣傳海報，正前方的電視櫃上擺滿兩個女兒的獎盃，左邊牆上掛滿了獎狀和小女兒的大幅炭筆畫作，不僅有兩姊妹從小到大的成長軌跡，更是值得珍藏一輩子的寶物。

家翔大哥的父親是大陸的流亡學生，來台後，在谷關山上的小學教書，他的母親是原住民，父親對母親相當寵愛，「媽媽在家裡並不用做太多家事，也不需餐餐煮飯。」家翔大哥是家中長子，從小就肩負照顧弟妹的責任，「只要弟妹一哭，我爸就會拿藤條打我。」在父親嚴格的教育下，養成他自律、負責的個性。

國中時，他隻身離家到東勢就學，住在教會的學生中心，高中到台中市區一邊念汽車修護，一邊在 YAMAHA 公司的倉庫當送貨員。

「我那時候都叫她張姊。」當時大嫂是總公司的行政人員，每次他去總公司時，因為個性內向，總是小聲地打招呼，常常只有熱情的大嫂會回應，所以對她的印象特別深刻。

「那時候，總公司就有五、六個男同事在追她了，但我根本不知道。」他追求大嫂的時候，完全無視其他人的存在。「他真的是打不死的蟑螂！死纏爛打、緊迫盯人，臉皮又厚，我中間跟他提分手好幾次，他還是一直出現。」

那時的大嫂每週日上空中大學，家翔大哥就用打工賺來的錢買了一輛超帥氣的Kawasaki摩托車，騎到校門口等著接大嫂下課，「我遠遠看到，心想『那誰啊？』近看發現居然是他，天啊！好丟臉喔！」想不到，外表老實樸素的家翔大哥年輕時也會耍帥。

Kawasaki 的翹屁股設計，讓後座一定要抱緊前座的騎士，「那時候她一直說，奇怪！這車怎麼是斜的，然後一直問我這椅墊可不可以換？這個椅墊會越坐越軟嗎？我跟她說會，結果幾年都不會軟，哈哈！」這一抱，也讓家翔大哥抱得美人心。

載著大嫂回家時，大嫂爸爸一見就大罵：「哩這個毋家囝！」大哥說：「之後每次去她家，摩托車都停很遠。」心中早將大嫂視為老婆的他，不敢輕忽未來岳父的想法。

在青澀的歲月相識，到他成為海軍陸戰隊士官長，很快就過了七年。家翔大哥二十三歲時，爸爸因肝硬化，身體狀況不佳，催促著他們結婚。但他外省和原住民的家庭背景，在那個省籍情節嚴重的年代，婚姻難免幾經波折，「她媽媽倒是『丈母娘看女婿，越看越滿意』，但她爸爸對我完全不屑一顧。」家翔大哥努力爭取岳父的認同，終於將大嫂娶進門，他說：「我把張姊變老婆了。」

堅定完成小時候的願望

婚後隔年老婆懷孕，考量職業軍人會隨部隊調動而搬家，他決定轉換職場，不僅趕在退伍前考取計程車執照，更在退伍當天下午就到車行租車，開始了他的小黃人生。

大嫂一開始不贊成他開計程車，「既然他學汽車修護，就應該先去當黑手、學技術，兩年後可以自己開修車廠，但他死都不肯！執意要開計程車。」家翔大哥接著說：「開修車廠要有本錢，但我不想靠老婆的錢。就連我租車半年後買車，也是偷偷買了才讓老婆知道。」

剛開始開車時，曾在車站遇到一位老先生，對他說出台語地名，他聽不懂而錯失載客機會，後來問了其他司機才得知，那趟的車資很可觀，讓他頗為懊惱。

「不會講台語，就會錯失機會。」不過，他能學會台語也得感謝乘客，「我每週一、三、五要載一位老太太去市場，她都講台語，我一直跟她對話，久了就學會了。」此外，他跟大嫂在家也講台語，讓他的台語再「輪轉」一點，也獲得岳父對他更多的認同，「我娶了老婆第二年，她爸才跟我說話。」

因為很年輕就開車，老婆除了擔心他的安全，也擔心他被人「拐騙」，「以前有小姐坐車沒帶錢，跟我說晚上陪我，睡抵債，我說：『不要！我有老婆了。』」。

開車初期，台灣非法賭博「大家樂」興盛，有些司機會在跑車休息時間，或是排班候客的時候聚賭，「我聽過，有人光賭象棋就輸掉一台車。」在那樣的氛圍下，即使有同事相邀，他也絲毫不為所動，「今天我只要跟你玩一次，就會有第二次、第三次，我說不要就是不要！」對於他的堅定立場，大嫂說：「這遺傳自我公公，很堅持自己的原則！」

「我從來不辦信用卡，因為信用卡就是借錢來用，我們都告訴孩子『你有能力花才花』，所以 Lulu 以前也一直沒辦信用卡，現在因為出門要付的錢比較大筆，帶現金不方便才辦卡。」他以潛移默化的方式教育孩子，談到接送孩子上學十多年，「我們約好六點，就是準時出發，她們從沒遲到過。」向來自律的他，以身作則地影響著兩個女兒。

慈父嚴母陪伴孩子

一九九二年，台灣發生了震驚社會的幼稚園火燒車事件。當時 Lulu 剛好讀幼稚園，家翔大哥擔心女兒安全，便轉職去開娃娃車，女兒長大一點後才回去開計程車。自她們幼稚園開始，他每天接送兩個寶貝女兒到高中畢業。

當年每週還會固定去載那位要去市場的老奶奶，Lulu 說：「爸爸都會提早十分鐘到奶奶家門口等，小時候不懂事，覺得為什麼不讓我們多睡一點，跟奶奶約七點，七點來就可以了呀！但爸爸都跟我們說：『奶奶若是提早出來沒見到我會很緊張，你們先在車上睡一會兒吧！』」除了這份體貼，她也說，爸爸對待奶奶就像家人般親切，沒有乘客和司機間的疏離。

「我一直覺得，『爸爸是計程車司機』是一件非常驕傲的事，我覺得超炫的！」她聊起國中上英文課時，老師請大家說自己是如何上學的，同學們的回答多是：「I go to school by bus.」「I go to school by train.」或是「I go to school on foot.」她舉手回答：「I go to school by taxi.」同學們都投以羨慕和驚訝的眼光，「他們也覺得，『爸爸是計程車司機』這件事情很酷！」

直到她上高中，爸爸依舊每天接送，「我下課的時候，校門外都有一台擦得亮晶晶的計程車等著接我下課。一開始同學們不知道是我爸的車，還會在經過時讚嘆計程車很乾淨，看到我上車，都會擠上來要搭順風車，那時候同學最常說：『欸，你爸很帥耶！』」

家翔大哥笑說：「開計程車最大的好處，就是可以配合家庭時間。」兩個女兒從小到大的所有活動，他從不缺席，「我覺得孩子的成長就只有那段時間，所以要陪著他們。他們開心，我就開心。」除了陪伴，他說自己負責開車就好，大嫂接著說：「他就是隨時stand by，我計畫打點好所有行程，跟他說：『爸爸走了！』然後就出門。」

對於老婆的付出，他說：「老婆要扮黑臉又要扮白臉，家裡的事情都是她在打理，小孩的教育主要也是靠她。我小時候在山上長大，出來後覺得自己就像井底之蛙，我希望自己的小孩不要像我這樣。」為了孩子，他堅持住在市區，盡力給她們一個好的學習環境。

大嫂從小就是孩子王，很喜歡小孩，婚後當保母帶別人的孩子，也帶自己的孩子，但她直言不諱地說：「我是又凶又嚴的媽媽，總跟她們說，要做就做最好的，不然就不要做。」雖然嚴格，但身為保母的她將每個孩子視如己出，至今已帶過二、三十個孩子，大家都還常聯繫，「有一年母親節，家裡收到六個蛋糕，我跟他們說，你們下次協調一下，不然冰箱也冰不下。」她笑著說。

在大嫂的教育下，兩個女兒從小就養成自動自發的好習慣，自我要求也相當高。Lulu高中時，有一次數學考了四十幾分，大嫂生氣地說：「你給我一個交代！」Lulu顫抖地說：「媽媽，我要跟你解釋一下，這次的數學真的很難，能拿到及格真的是天才。」大嫂查看了全班的成績後，發現分數真的都很低，十幾分的大有人在，Lulu已算中上成績，「好，這個理由我接受，但下次至少要六十分。」下次考試，Lulu就達到了她的要求。

大嫂也教女兒彈鋼琴，但妹妹學琴的興致不高，某次她教妹妹時，妹妹生氣地說：「你教別人都那麼溫柔，為什麼對我這樣，我不要學了！」那是妹妹第一次反抗，她也開始認真思考，應該讓孩子摸索自己的興趣。

罄其所有讓孩子跟著興趣走

「我對孩子很愧疚的一點是，孩子都很棒，但我們賺錢很憨慢，能給她們的很有限。」夫妻倆最常爭吵的，都是孩子的教育費用，「開車的缺點，就是賺錢只夠家用。」大哥說，有時想跟大嫂商量晚一點付補習費，大嫂都直接拒絕，「不行！孩子的教育耽誤不得！」因為計程車這一行有開就有賺，大嫂的解決之道，往往只有這一句：「你去跑車！」

老婆都這麼說了，老公能不拚命嗎？「那時，我每天早上四點半就出門開車，到晚上十點多百貨公司關門載完客人才回家，出門前老婆小孩都還在睡，回到家她們也都睡著了。」Lulu 也回應著：「小時候過年時，爸爸總是最後一個來圍爐的。」雖然跑車很累，但看到她們睡得無比安穩，就能消除他一天的疲勞。

妹妹國小時遇到畫畫啟蒙老師，踏上繪畫這條路，「週末我都載著她們到處去比賽賺外快，姊姊參加演講、朗讀比賽，妹妹是畫畫、寫生比賽。」看著客廳滿滿的獎盃和獎狀，我不禁想，原來這就是她們從小自己貼補家用、賺補習費的另一種方式。

妹妹一路升學都是念美術，許多用品如畫具、顏料或器材都價格不菲。國中時，有次到美術社買材料，一小袋材料就要價三千多元，家翔大哥被金額嚇到了，跟大嫂說：「那一小包要三千！我跑兩天還沒三千。」大嫂趕緊制止他：「你閉嘴！不要讓孩子聽到。」

大嫂知道，妹妹買的都是不可或缺的用品。某次她發現妹妹的顏料盒中有些沒看過的，便問了妹妹，妹妹解釋：「這條進口的顏料太貴了，我用不到那麼多，就跟同學借，一次二十塊。」「這個是同學擠到剩下一點不要了，我就拿來用。」這些話讓她相當心疼，「如果我們可以給她們更好的，她們一定可以爬得更高。」

妹妹考上研究所時，計畫先休學去澳洲打工遊學，「當時我曾想跟妹妹說，你可不可以務實一點，把你學的這塊趕快出社會運用，或是半工半讀也好，至少早點去工作。」但終究沒說出口，「我看她做這件事時是很開心的。」回到父母的初心，只希望孩子快樂就好。

「她去澳洲之前跟我們保證，回來後，三年就會讀完研究所，她也真的說到做到。」妹妹不負爸媽的期望，畢業前開始應徵工作，畢業隔週就到知名企業上班了。

「她們有自己的理想，自己去拚，我們做父母的就是支持，能夠給就盡量給，給好、給足、給滿。」大嫂雖有些擔心，但還是為孩子找到人生的方向而開心，大哥也說：「我希望她們保持初衷，有禮貌，態度一致。」一邊說著對孩子的期許，一邊看著照片中的她們，臉上有著濃濃的「孩子真的長大了」的感慨。

羅賓漢和他的一家人

Lulu 在二〇一七年發行的專輯裡，最後一首〈羅賓漢〉就是她為爸爸寫的歌，「我跟妹妹最常在我爸車上聽到的，就是無線電對講機裡傳來的『呼叫羅賓漢』！」

早期計程車司機之間大多使用無線電聯繫，每位司機在加入車行時，都必須有一個在無線電中稱呼的台號，家翔大哥的台號就是「羅賓漢」。他個性比較內向，卻有如羅賓漢般堅毅負責、熱心助人、直率善良。Lulu 說：「有次我跟妹妹在約定的地點等爸爸來接，看到爸爸載了一位坐輪椅的阿嬤，他抱著阿嬤下車，放上輪椅，再協助阿嬤進屋子裡。」

「爸爸的教育就是『不張揚並且身體力行』，像溫開水一樣，淡淡的，不慍不火，像是個守護天使，用一種不展露鋒芒的力量，默默守候在我們身旁。」而她的歌詞如實反映了這個身影，「懂事的時候，你還是牽著我的手；擔心的守候，校園門口等我。」

「我眼中的爸爸一直是很巨大的。小時候跟爸爸出去跑車，爸爸旁邊就是車窗外的風景，所以一直以來對爸爸的印象，都伴隨著漂亮風景的一幕。」她將從小到大對爸爸的情感寫入歌裡，「長大後，才明白你有多愛我，為我操心淚流，為了我你都斑白了頭……有你的時候，我才敢繼續向前走，請你永遠永遠載著我。」說出的愛，遠不及她心中的萬分之一。

「我聽了一直哭，但我一直聽一直聽，Lulu 問我幹嘛一直聽，我說我要多聽幾次，麻痺自己，這樣才不會流眼淚。」

家翔大哥最在乎的，不是 Lulu 在螢光幕上的成就，而是他的孩子是否平安健康，「她主持金曲三十的時候，腳拇指外翻很嚴重，還要穿高跟鞋，你看她在舞台上都沒有表現出來，但她痛到一直吃止痛藥。那天一結束，我們到後台就看到她累癱在化妝室，跟我們喊著『腳好痛』，媽媽一抱她，兩個人就哭了起來。」嘴上描述當時的情景，臉上是萬分心疼。

「我覺得家就是一個責任，它是一個很溫馨、很溫暖的地方，有老婆小孩就是完美了。」大哥說出家對他的意義，大嫂接著說：「我的人生裡，先生擺第一，第二是小孩，再來是對這個家的責任，最後是我自己，有時甚至會忘了自己。」大哥聽完眼眶慢慢紅了，「我真的是很感謝她，要是沒有她，兩個女兒不會有這樣的成就。」

那麼，大哥有沒有對大嫂說過愛你呢？大嫂立馬說：「沒有！」大哥急忙澄清：「有啊！你忘了，我有說過，我愛你入骨耶！」一句充滿感情的話，從他口中說出來莫名有些可愛，惹得我們都笑了。大嫂忍不住爆料：「他是在看電視播愛情片時跟我說的，我那時候還回他：『你是照著字幕在唸嗎？』」我們聽了忍不住大笑起來。

大嫂又說：「他就是這樣，前陣子我開刀，要進手術房前，他握著我的手說：『祝妳一切順利！』然後把我推開。欸！我們是夫妻，不是路人甲欸，那個畫面就像《我們這一家》的那個花媽在說這句話的樣子。」大哥急忙解釋：「不是啦！那時候護士也在旁邊，然後又說要趕快進去了，吼！你老公我才疏學淺，臨時腦袋就蹦出來這一句嘛！」

她也聊起眼中的大哥：「他太古意了！」比如說，某次載到通緝犯搭霸王車，他不僅車資兩千元沒拿到，還把自己一早上賺的五百元借給對方，「他太常被騙，我就跟他說，不要隨便相信別人，但老婆是永遠的，到死都跟在你旁邊的，不會害你，所以老婆的話要聽。」

我忍不住跟大哥說：「大哥，雖然你常常被騙，但你也騙了一個老婆回來，還是一輩子的喔！」大嫂聽了笑開懷。

「每天他早上出門前要先親我一下，睡覺前我親他一下。」我驚訝地問：「每天嗎？」大哥爽快地回答：「當然！這樣出門工作才順心順利啊！」大嫂：「有時候吵架，他出門前我會很生氣地說：『今天休息，不親了！』」大哥下班回家就會安撫大嫂，要她別生氣了，「因為聖經說『不含怒到日落』，做夫妻嘛，吵架是難免，有時候連看個電視都會意見不和鬥鬥嘴，回家陪個不是就好了。」

這就是生活，充滿了喜怒哀樂的各種元素，更是這溫馨一家的可愛寫照。

大嫂微笑說著：「我們家四個人都在做自己喜歡的工作。」年輕時就清楚自己喜歡的事物，並朝著方向前進，這不是每個人都能做到的事，而家翔大哥與大嫂不僅自己做到了，更引導著兩個孩子找到人生的方向，一起朝著喜歡的事情努力奮鬥著。

家翔大哥給讀者的話

上帝為你關了一扇門，他會幫你開另一扇窗，如果還沒發生，只是時間未到而已，要堅持崗位，做好自己的本分。

第三部

黃色動脈，遍灑溫暖

15 苦行僧般的自律

李穆彥大哥帶著我快速且熟練地走進南海捐血室，櫃檯人員一抬頭看到他都是滿臉疑惑，「我今天不是來捐血，來採訪啦。」其實，不只櫃檯，每個身旁經過的護理師、志工或是長期捐血者，都有相同的疑問，因為這些人都熟知他固定捐血的時間，而今天不是他的捐血日。

他跟我介紹著捐血室的各項設備，「這裡是檢查血液，每次可不可以捐血要看她，不行她會退貨的。」負責血液檢查的護理師跟他笑鬧說著：「對，我會退貨喔！」從二十歲就開始捐血的他，走捐血室就像走灶咖，捐血室裡的每個人和他都像老朋友般。

一次，穆彥大哥在開車時，突然接到捐血室打來的電話，電話那頭著急地說，剛剛送血車走的時候漏拿了一袋血漿，但因醫院急需使用，所以想請他幫忙運送。他二話不說地答應，掛上電話後，考量著到醫院的距離有點遠，加上稍等就有一個乘客的預約行程，怕時間接不上，所以一邊趕往捐血室，一邊找可以信賴的司機朋友，約在中間點接應運送。

他衝到捐血室後，立刻拿了運送裝備完整的血漿，趕緊前往約定的中間點，將血漿交給朋友，再由朋友將血漿送抵醫院。這中間，他雖然去接了預約乘客，但心裡一直掛念著血漿是否順利送達，因為他深知捐血室的大家是信任他，才會將如此重責大任交給他，當朋友通知他已順利送到時，「我比任何人都還要開心！」他說起當時接到電話的剎那，仍露出鬆了一口氣的笑容。

從資優班到放牛班

穆彥大哥拿出早期的捐血卡，像是集點卡般，封皮已辨識不出文字，翻開後的第一欄日期記載著「七十三年三月二十一日」，藍色原子筆的痕跡已經渲暈開來，「以前一年最多只能捐六次，現在一年可以捐二十四次……」他邊說，邊展示紙本的捐血卡、護貝過的捐血榮譽卡，到現在的電子列印捐血紀錄，彷彿一一訴說著台灣的捐血史。

他是目前全台捐血名人堂的第三十三名，至二〇一九年底已捐血（血小板）一千八百四十次，換算為全血共捐四十六萬CC，約等於一千三百九十三瓶的易開罐可樂，而他捐出的血已經拯救了無數的生命，「你知道捐血的時候都要打抗凝血劑嗎？這個可以防止血管阻塞，我固定來捐血就可以免費打這個啦！」他笑著解釋，但我想這只是表層的原因，於是又問了一次穆彥大哥持續捐血的原因。他靦腆笑著說：「我想，我可能沒有什麼事情可以拿第一了，但捐血好像可以，所以我就想努力看看，拿個第一名讓媽媽驕傲！」

身高將近一八〇公分，人高馬大的穆彥大哥，小心翼翼拆下裝有獎狀的相框，這才發現，原來除了玻璃正面上那張捐血績優的獎狀以及與時任總統馬英九的合照外，背後竟裝載著他從小至今的所有獎狀和感謝狀。我看到一張帶著歲月泛黃斑點的國小數學競賽全學年第一名獎狀，他害羞地聊起過往歲月，「我小時候是資優班喔！」

從小記憶力過人，天生聰穎的他，國二就念資優班，因為覺得念書不難，慢慢地開始不專心，加上個性海派、喜歡交友，就四處成群結黨，跟同學一起打混玩耍，國三自願進入放牛班直到畢業。

高一留級念了兩所高職後，覺得對念書實在興趣缺缺，十六歲就從台中離家出走到台北，靠著在餐飲業工作賺取生活費，期間曾因為想念媽媽而打電話回家過一次，「我一聽到是我爸的聲音，就趕快掛掉電話，再也不敢打。」

一年多後，兵役年紀將近，他才回家拿兵單準備入伍，「我回家時媽媽很開心，她也沒罵我，從小到大我媽都沒罵過我，頂多是要我『卡乖咧！』。」他談起媽媽，臉上總是掛著溫暖的笑容。

退伍出社會後，穆彥大哥先是進入成衣加工廠工作，當時是紡織業最好的年代，他每週上班的時間很短，但賺的很多，「那時候錢太好賺了！我們每天都在『匪類』，沒怎麼在上班。」賺了錢就花，朋友糾就走，血氣方剛的年少歲月，沒想過什麼叫未來。

就這樣荒唐度日了一年多，媽媽看著自己的兒子從資優班一路變成放牛班，連出社會工作都每天遊手好閒，沒有人生的方向和目標，不禁在兒子面前憂心忡忡地落下淚來，他這才驚覺自己多年來讓媽媽多麼煩惱。為了媽媽，也為了自己的將來，他下定決心重新開始，「媽，我保證以後不會再讓你為我哭了！」他跟媽媽承諾，也像是對自己宣誓。

為了切割原有的朋友圈，穆彥大哥毅然決然放下一切，出海跑船去！兩年後，他拿著跑船攢來的錢，回到台北重新生活。婚後兩個孩子陸續出生，由於小小年紀都是過敏兒，加上夫妻倆是台中人，所以他們決定回到台中開早餐店，選個靠近山區空氣好的地方，讓孩子的過敏狀況得以改善，也希望就此能有穩定的收入。

早餐店經營四年多，為了有更多的資金可以運用，他跟著街坊鄰居標會，沒想到最後被倒會，一時之間負債累累。他的人生頓時陷入谷底，也不敢待在台中，深怕路上遇到熟人，於是回到台北，再一次重新開始！

此時已四十歲的他，不知道自己能做什麼工作，又急需清償債務，想到開車是他拿手的事，計程車開一天就能賺一天的現金收入，於是，穆彥大哥正式投入計程車司機這個行業，就此展開他至今二十年的小黃生涯。

價錢不是重點，價值才是

面對龐大的債務壓力，他規定自己每天開車出門，一定要賺到目標金額的錢才能回家，每天開車至少十六小時，而他運用天生愛交友的熱情來待客，也讓他的回頭客頻率相當高，至今他打開手機的預約行程，還有熟客提早一百五十多天預約。

穆彥大哥聊到剛開始成為司機時，網路還沒那麼普遍、快速，更別提會有什麼電子導航設備，他隨身就是帶著三本地圖，憑著過人記憶力，地圖的資訊過目不忘，「我只要載過客人去哪裡，就一定會記得路線，還會研究有沒有其他路線能夠更快到達。」

久而久之，其他司機也都知道他的超強認路能力，常常打電話向他問路，「我那時候經常半夜接到不認識的司機電話，只是為了問哪條路怎麼走。」他笑著說。「這樣不會覺得煩嗎？」「其實，他們問越多，我也可以知道越多路，大家一起成長才會快嘛！」他帶著一貫的笑容回我。也因為穆彥大哥的不藏私，讓他擁有眾所皆知的好人緣，他樂於分享自己的經營觀念或載客經驗，許多司機都自願跟著他，大家一起變得更好。

穆彥大哥提起自己的小黃生涯有三次高峰，第一個高峰是他剛開始開車時。自從兩岸開放後，許多台灣男性到大陸尋找人生伴侶，當時這些伴侶被稱是「大陸新娘」，隨著通婚人數逐年上升，至二〇〇三年時已有三萬多對，「我那時候開車，大陸新娘很多，她們因為剛到台灣，人生地不熟，計程車司機又百百款，所以她們搭計程車都很怕遇到不好的司機。」

他聊起她們之中許多人嫁到桃園大溪的眷村中，因為桃園工作機會少且薪資低，於是都到台北工作，有的當看護，有的投入餐飲業。因為大溪到台北的交通大多需要客運轉火車，再轉捷運或公車，對於剛來台灣還看不太懂繁體字的大陸新娘們是障礙重重，所以她們多是一起共乘搭計程車來回工作。

他在車上看得出這群新住民的緊張焦慮，用著一貫的熱情噓寒問暖，讓她們感覺就像朋友般自在，同時善盡司機的本分，安全將她們載到目的地，絕對照表收費不喊價。簡單的幾個動作，造就了穆彥大哥的好口碑，開始一傳十、十傳百地在這群新住民中擴散，她們只要出門需要計程車，就是非他不可。

第二個高峰則是商務客群，那是台灣電子業蓬勃發展，許多公司到對岸設廠的時期。

有一家大型上市公司的高階主管因為坐過他幾次車，覺得服務很好，於是安排自己旗下管理的兩家大陸廠的台籍員工，只要回台灣或是從台灣去大陸，一律預約他的車進行機場接送。「他自己只要是長途，都叫我的車，我也常幫忙跑南科送物料。」他就像是指定司機般，妥善記錄所有人的預約行程，貼心了解每位客戶的需求。

「不是別人在車上放水、準備早餐，你就都學，給客人他需要的，才是真正好的服務。」他聊起另一位熟客，是個大公司的老闆，雖然自己有專屬司機，但這位老闆只要是出差或趕時間，就會習慣性地預約他的車。

一開始他如往常準備了水放在車上，也邀請老闆飲用，但幾次經驗發現老闆從來不喝，一問之下才知道，原來老闆是擔心水不知道放了幾天，會不會有人動過手腳或不乾淨，他這才恍然大悟，每位客人的需求不同，每個人的想法也不同。自此，他的車上隨時備有客人可能會需要的任何東西，卻不一定擺出來，他靠自己的觀察，如果發現客人有需要時，就會立刻「變出」東西來。

他的車內從棉花棒、修容組、各式插孔的手機充電線，甚至早期筆記型電腦需要的充電器都有，他不僅準備衛生紙，更準備了廚房紙巾，「因為下雨天的時候，客人上車可能身上或鞋子上很濕想擦乾，你拿一般衛生紙，那個擦了就糊掉了，還黏的到處都是，但用廚房紙巾就很方便、很好擦，又不留屑啊！」隨時做好準備，讓客人感受超出期待的服務，這是他開車二十年來的心法。

第三個高峰則是現在。「你一定猜不到我現在都載什麼。」他說，我疑惑地看著他，他語帶玄機笑笑說：「我都載畜牲！」我驚訝得瞪大雙眼，他大笑開來：「我現在載魚啦！」

這下我更困惑了，「我是寵物友善車隊，反正我什麼都接啊！」他接著放低聲量補充說：「被錢逼著的時候，哪有挑的份，有錢就賺啊！」

穆彥大哥開始載魚的緣起，是有位客人覺得他的服務很好，於是打給他表示自己要出國，希望他幫忙載送寵物狗狗到機場的空運倉儲過海關。這樣的行程因為需要在機場找停車位，而且到了海關也不確定得等多久，一般司機通常會覺得耗時而拒絕，但他不想放過任何一次可以載送的機會，「價錢不是重點，價值才是。」他覺得即使一趟載送的金額不高，但每次跟客人接觸都是為自己創造下一次的機會，能夠為自己創造價值，於是爽快答應對方。

當天，他將狗狗送到空運倉儲，正在一旁等待海關作業的同時，旁邊的陌生人跟他攀談，他展現一向的開放心態跟對方聊了起來，對方問他：「大哥，這裡很少看到有計程車司機欸，你有在載狗喔？那你還可以載其他動物嗎？」他回說：「客人有需要，我就會幫忙載。」原來，這位陌生人是一位專門進口觀賞魚的老闆，看到穆彥大哥願意不計時間成本在海關等待，覺得不同於一般司機的思維，於是邀請他幫忙載送觀賞魚，也就此開啟了他小黃生涯的第三次高峰。

「我都是三百六十五天二十四小時不關機，即使出國，我也開網路漫遊，讓他一定找得到我，剛開始常有凌晨兩、三點接到訊息要去接貨，我二話不說立刻出門，因為這種生意，只要錯失一次就沒了。」他聊起這個合作已五年多的新型態運送，不僅細心管控從不失誤，他也讓自己更熟悉機場倉儲貨運的整個流程，好讓接送可以順利進行。

「我很清楚知道，計程車司機是一個高度被取代的行業，如何在這個行業中站穩腳跟？就是創造出自己被利用的價值！」我佩服他為自己創造出三次職場高峰，但他說只是盡力做好司機的本分，「我覺得人生的修為，其實是為自己積德，像捐血就是一種行善，人為善，福雖未至，禍已遠離。」穆彥大哥謙稱三次高峰是捐血為善而來的好運氣，但我認為，他總是將溫暖的笑容掛在臉上，總是積極爭取並珍惜每一次的機會，這樣的「好運氣」其來有自。

苦行僧般的自律

我問穆彥大哥：「您覺得身為一個計程車司機，什麼是最重要的？」他毫不猶豫地回答：「自律！」他說開計程車是自由業，賺多賺少其實取決於自己，時間都是自己安排的，讓自己載到多少客人也是自己控制的，所以管好自己很重要！

「就像捐血一樣，我捐血是苦行僧般的自律。」因為要捐血，他二十五歲戒酒，努力保持身體處於健康狀態，例如擔心捐出來的血會太油，捐出後不好運用，每次捐血前他更加留意飲食以維持血的品質，甚至出國前都會謹慎確認旅遊地點是否為疫區，如果是他就不去，而在五十五歲時，也將多年來的菸癮完全戒掉，他一直堅持著自律的生活狀態，四十年如一日。

當採訪結束，我們離開捐血室的停車場時，我在收費員的臉上又看到一開始進捐血室時大家疑惑的表情，這次我懂這個表情的意義了。穆彥大哥對收費員說：「我今天沒有捐血，只是來採訪的，所以今天的停車費我自己付。」大哥一邊掏錢，一邊跟我解釋著，平常來捐血時停車費是由政府補助，因此可以免費停車。繳完錢，出了大門，穆彥大哥轉頭跟我說：「這也是一種自律，我今天沒捐血，就不能用政府的免費資源。」他自律的態度，也讓我上了震撼的一課。

「捐血一袋，救人一命！」我想，他不只救了許多人的命，透過捐血，穆彥大哥重新獲得生命的能量，並將這股能量向外擴散給更多人，讓自己的人生煥然一新，讓認識他的人都被圍繞在飽滿的能量中。

穆彥大哥給讀者的話

逆風飛揚，乘風破浪。

16 帶著慢飛天使飛翔的大哥哥

「我第一次看到友翔嚇一跳，這個造型前衛，有著一頭金髮的年輕人，跟一般印象中的計程車司機不太一樣！」板橋沙崙國小高燗琪校長談著五年前初遇吳友翔大哥時，他那獨特的髮型讓人印象深刻——黑色油頭為底，中間留著一大把燙蓬的金色長髮側分成瀏海。「一開始我覺得他看起來怪怪的，但相處後發現他是個心思超細膩的人。」在輔導主任余俊樑眼中，外型大膽前衛的友翔大哥，有顆體貼入微、細膩的心。

採訪當天，友翔大哥造型依舊醒目搶眼，「我喜歡搞東搞西，男生沒什麼可以打扮的，所以就玩頭髮囉！」個性愛搞怪胡鬧，像是個古靈精怪、長不大的大男孩，但當他聊起車隊及樂活社，眼神馬上變得認真又感性。

他分享二〇一七年特教生公益活動影片給我，「你知道這影片最讓我感動的是什麼嗎？影片中，有個孩子從輪椅上跌倒了，經過的路人直接從旁邊走掉，但我們的大哥是馬上衝過去跟爸爸一起扶起孩子，那強烈的對比，讓我覺得無比感動和驕傲！」原來這就是余主任說的細膩，那是一個約莫兩秒、很遠的畫面，一般人恐怕不會留意，而他觀察細微，更深入心裡。

載浮載沉的職涯

國中畢業後就成為職業軍人的友翔大哥，是空軍的機工長，負責修理和保養戰鬥機，「修飛機的責任重大，因為你承擔的是機上所有人的生命安全，所以每個細節都要考慮到。」入伍八年半，他總覺得在公務體系志趣不合，相信自己能拚出一片天，於是毅然決定退伍。

退伍後，他做過小吃，開過熱炒店，也賣過保險，曾因賣未上市股票而身陷危機，意志消沉的持續兩年蹲在家中足不出戶。

二〇〇六年底，三十一歲的他試著重回職場，當起房仲業務，隔年第三個孩子出世，卻也是家裡經濟最差的時候，連生產住院的費用都是東拼西湊而來，「以前我愛做什麼就做什麼，反正是我自己的事，但現在有了三個孩子，不論如何，我也要把這個家撐起來！」

由於從事業務工作，經濟較不穩定，因此他決定到預拌廠當個收入穩定的上班族，直到三年後——第四個孩子降臨。

懷了老四，他直言是意外，當時家裡經濟仍然拮据，親友們全都勸他們把孩子拿掉，但友翔大哥義無反顧地說：「誰帶我老婆去把孩子拿掉，我就去告誰！」他堅定地表示：「這就是一個生命！就算我沒得吃，也不會讓孩子餓著，我會想盡辦法餵飽他。」不僅是盡責，他喜愛孩子的心也顯而易見。

當時老大準備上大學，老四剛出生，四個孩子的教育費、養育費，只靠著他和老婆兩個上班族的薪水實在不足。友翔大哥的爸爸是計程車司機，便建議他也去開計程車，「只要好好努力開，賺的不會比你上班少！」

於是，友翔大哥在三十五歲這年再次轉行，成為小黃司機，「一開始覺得很害怕，自己一直在摸索，怕載客人跑錯路，怕開車不夠穩。」

雖然剛開始有些不安，但業務職涯培養出的樂觀活潑，加上細膩謹慎的個性，他很快融入這個產業，入隊兩個月後就成為小隊長，隔年升任教育督導，並在二〇一二年創立「樂活社」。

樂活一日志工

友翔大哥一直都很喜歡孩子，希望能為孩子們做點事，因此創立樂活社，每人每月捐款一百元，協助患有罕見疾病或因身心狀況受特殊教育的孩子們。

除了捐款外，樂活社也規劃「一日志工」的公益活動，邀集司機一同參與，以實際行動幫助這些孩子們。像是與麥當勞叔叔之家合作，由司機大哥大姊們規劃的「活力補給日」，以有趣的魔術表演、DIY等活動，陪伴遠地到台北就醫，住在麥當勞叔叔之家的病童家庭們同樂，或是和腦性麻痺協會合作，到家接送病童前往宜蘭傳藝中心，進行戶外一日遊活動等。

初期，樂活社每年會舉辦近十場的公益活動，司機大哥大姊們都很熱情參與，但因活動太過頻繁，導致參加者常常都是同一批人，幾年後顯得有些疲乏。「後來辦活動都要一直糾人來參加，我知道他們不是沒有意願，只是真的疲乏了，於是我想，乾脆把舉辦次數減少，但把規模變大。」

從二〇一五年開始和台北市及新北市教育局合作，一年舉辦一至兩場的「特教生家庭公益活動」，帶特殊教育學生家庭走出戶外。這也開啟了樂活社和台北市國小學生家長會聯合會（簡稱小聯會）及新北市沙崙國小的緣分。

特教生可能因乘坐輪椅行動不便，或因自閉、幽閉恐懼等情緒障礙，較少有機會走出戶外，而他們的父母或照顧者必須面對較一般人更繁雜的交通及人力照顧問題，也降低了帶孩子外出的意願。

因此，樂活社舉辦的每場活動都邀集司機，負責特教生出遊的交通事宜，讓計程車成為特教生的出遊專車，由司機大哥、大姊們一早到特教生家中接孩子、父母及隨行者到活動場地。有些如三芝、石門等較遠的地區，司機常常是天未亮就出發，「因為孩子們平常很難得出遠門，所以我們去到家裡載他們時，都可以感覺到孩子跟爸媽的期待和興奮。」友翔大哥笑著說。

有些孩子以輪椅代步，開著無障礙計程車的司機們，平穩地將輪椅推送上車，仔細確認輪椅繫緊固定帶，一切安全至上。特教生家長李媽媽說起協助接送的司機，「他幫我們把輪椅搬上搬下，然後隨時在身邊協助我們，真的非常謝謝！」

每場活動都經過縝密規劃和無數次的行前會議，至少有三次的場地勘查，友翔大哥說：「第一次辦大型活動時出了點狀況，幸好當時將人緊急送醫沒有大礙，但我嚇到了，所以之後我帶大哥、大姊場勘前，自己要先去過幾次才安心。」

樂活社和新北市教育局、板橋沙崙國小已連續五年合作舉辦特教生家庭公益活動。沙崙國小高校長聊起五年前第一次參加活動的經驗，「一到活動會場，看到司機每個人身上都綁著空飄氣球，實在太可愛了，他們用汽球顏色來做分組，那場景實在讓人印象深刻！」

「我第一次參加就非常感動，孩子們開心地一直跟我說明年還要來。那時就決定只要我還當校長的一天，便會繼續辦下去！」高校長想著孩子們笑容，語氣堅定地說。

讓特教生父母休息一天

二〇二〇年「台北市特教學生家庭親子活動」，開場的舞台上是氣球哥哥用氣球和孩子互動的逗趣表演；舞台下一角，小聯會莊理事坐在患有腦性麻痺的兒子身旁一起觀看。

身為工作人員的莊理事聊起這次活動，「有些家長一開始以為計程車到府接送要付費，我跟他們說這是司機們的公益服務，不需要支付車資，大家紛紛留言表示感謝……不僅如此，每位與他們直接接觸的司機，態度親切友善，更是令家長們非常感動。」

我在活動現場看到了洪爸爸、洪媽媽和他們的兩個寶貝女兒，其中姊姊因患有先天性心臟病，導致腦部缺氧，留下了後遺症，現在行動皆需仰賴推車。只見洪爸爸將她從推車上抱起觀看氣球表演，姊姊依偎在洪爸爸身上，雖然鼻上繫著鼻胃管，但眼中的笑意滿滿。

我看著這一幕，想起沙崙國小學務主任蔡濠聽說的，「活動剛舉辦那幾年，往往只有媽媽帶孩子來，爸爸其實很少出現，大多是因為爸爸還無法面對。我們希望藉由這個活動，讓比較走不出來的孩子，甚至父母都可以走出來，透過團體產生溫暖的支持力量。」

我跟洪爸爸、洪媽媽聊起姊姊的狀況，他們沒有芥蒂地樂觀對待，洪爸爸一邊關注著姊姊，一邊聊著，洪媽媽在一旁顧著妹妹，溫柔地說著：「我們如果出去玩，爸爸開車也會累，還要找停車位，無法放鬆陪伴孩子，到了景點我們又要輪流照顧孩子，有時想到就累，不想出門。但這次活動，安排了計程車專車接送，載我們到平常比較難到的地方，司機還熱心地幫我們拿推車和出門的各種用品，很貼心，真的很感謝。」

從活動一開始，我就觀察到負責接送洪家四口的司機楊國昇大哥，幾乎寸步不離地陪著他們，當妹妹看到姊姊坐在高處，也吵著要時，楊大哥便幫忙抱起妹妹，讓兩姊妹一起開心看表演。那場景，要不是因為楊大哥身上一眼可辨識的制服，我會以為他也是洪家的一分子。

我問起年輕單身的楊大哥怎麼會想來當志工，他說：「我平常就是跑車，也沒什麼機會出去玩，所以就當是跟大家一起出來玩，還可以為他們多做點什麼。」只是一個順道出遊的出發點，沒想到卻從這家人身上獲得更多，「我覺得照顧特教孩子真的很辛苦，要分分秒秒都陪在身邊，很不容易。能為他們開車，跟他們一起出遊，我覺得很開心。」

「從孩子簡單的快樂跟滿足的眼神中，你可以感染到他們的喜悅，這就是最大的回饋。」年年參加活動的車隊總督導鑽祥大哥開心地分享。

照顧好每個人的大哥哥

友翔大哥說：「我從小就喜歡熱鬧，很喜歡逗囝仔，我會觀察這個小朋友是什麼個性，就用他喜歡的方式去跟他玩。我喜歡坐在人群裡，看著人來人往，觀察每個人的一舉一動，看到別的小孩在哭，就會想他為什麼要哭？由他們的行為去判斷他們的下一步會做什麼事。」他習慣察覺別人的需要並換位思考，站在對方的角度，用同理心解決問題。

「我一直在想我能給孩子們什麼，可以讓他們更快樂？會場大多是一些DIY手作活動，有些孩子沒辦法做，而且多少都要付費。後來我想到穿布偶裝，因為他們平常看不到這些布偶，在活動現場不僅可以看到，還可以摸到。」

於是，第一年的活動，友翔大哥特別穿上米奇布偶裝，像是迪士尼樂園中的米奇一樣，一邊走，一邊逗孩子們開心，「他們還會抓著我的米奇尾巴不放喔！哈哈哈！」他就像個大哥哥，跟孩子們一起玩，一起胡鬧，但也用心思照顧著他們。

身為四個孩子的爸爸，友翔大哥以同樣的心對待自己的孩子，一路幫忙照顧弟妹長大的大女兒聊起爸爸，「大學填志願時，他只有一個要求，就是要離家近。因為我從小身體比較不好，爸爸希望學校不要太遠，他好就近照顧。」友翔大哥對每個孩子身心狀況瞭若指掌，對女兒疼愛有加，對兒子的教育則是另一種模式。

老二是家中獨子，他說起爸爸：「對任何事都很執著，個性有點兩極化，生氣的時候很可怕，在外面一個眼神，我就知道回家慘了；開心的時候像朋友一樣，我們什麼都可以聊。」兒子聊起友翔大哥如何引導他的職涯路，「我當兵前，爸爸問我要做什麼？我不知道，也沒有方向，他說，那就去開計程車！因此當兵前我就考到職業駕照，退伍馬上考執業登記證。」友翔大哥當年走了許久的職涯冤枉路，他希望兒子出社會後盡早踏上他心目中的最佳職涯。

跟著爸爸準沒錯的想法，兒子一退伍就開車，至今已滿兩年，「剛開始很拚命，一天開十二個小時，但沒幾個月就失去動力，賺了錢也不知道幹嘛。現在有了孩子，開車變得很有目標，很有衝勁。」二十二歲就結婚的他，跟友翔大哥一樣年紀輕輕就當了爸爸，看著他抱女兒的模樣，彷彿看見年輕時的友翔大哥。

跟友翔大哥接觸最頻繁的沙崙國小特教組王亭雅組長說：「我從他身上學到很多，一是當老大就肩擔責任，要有那個肩膀承擔起來；二是做最壞的打算，做最好的準備；三是執行力。」她口中的友翔大哥總是承擔一切，細膩並無私地奉獻，照顧著身邊的每個人。

這些年來，樂活社陪伴超過五百個特教生家庭走到戶外，跟友翔大哥結識多年的高校長說：「他帶著一股傻勁，去翻轉別人的生活。」我看著總是笑開懷的友翔大哥，在充滿陽光的笑容中，他用屬於自己的方式傳播希望與愛的能量。

友翔大哥給讀者的話

心開闊了，任何事都能迎刃而解。

高烔琪校長給讀者的話

對自己的人生要堅強，自助人助天助。

17 一日救難隊，終生救難隊

車行轉進板橋浮洲橋下，沿著狹窄的迴轉道轉彎後，「樹林水上救生協會」就在橋下這一處別有洞天的地方，眼下所見的魚雷浮標、救生艇和可溯溪的救援吉普車……等，都是見證著無數「黃金七十二小時」關鍵時刻的重要設備。綽號「上尉」的協會隊長沈武周大哥說：「我們出動，通常都是去打撈的多，因為人大多在五分鐘內就死了，第一時間沒去就沒有了。」我愣住了，「生命脆弱」這四個字在這時猶顯不足。

他聊起自己第一次接觸大體，是在樹林每年大拜拜的農曆三月十五保生大帝壽誕那天，三峽柑園橋下的大漢溪攔沙壩那一帶的水域，有三位國小學童因玩水而溺斃，他們找到大體後，要從攔沙壩走約二十分鐘的路程扛上堤防。當時台灣的救援設備嚴重不足，沒有擔架、沒有屍袋，他們徒手扛著大體往上爬，還是菜鳥的他勢必要上場幫忙，「你沒扛過，不要扛頭。」擔心菜鳥的他不懂民俗禮節，葬儀社老闆這麼跟他說。

於是他扛中間，當時的隊長扛腳，葬儀社老闆扛頭，他們一路踩著高低不平的肉粽

（消波塊）往前走著這段不短的路，他心想：「怎麼這麼重，有種扛不動的感覺，而且越扛越重。」好不容易終於扛上堤防，安置妥當交給葬儀社後，葬儀社老闆看著他們問：「你們兩個剛剛是誰一直想著很重的？」他立刻舉手說：「我！」老闆急忙對著他說：「那個不能想！越想會越重，會扛不起來。」

原來這是業界禁忌，扛大體時要安靜不能說話，也不能亂想，一個人想，三個人重。這也是對死者的尊重，讓死者能安靜、好好地走完最後一段路。實在很難想像時常穿梭這些「現場」之中的救難人員，一方面是跟時間賽跑的救援壓力，一方面是面對並徒手搬運大體的勇氣，而且還要完全心無雜念，這是一種常人很難體會的修行吧！

快樂的計程車司機

「上尉」年輕時反骨不想接家業，自己跑去學縫紉，開了間西裝裁縫店，一九六〇、七〇年代起西裝裁縫盛行，有著這樣的一家店，生活也是悠哉。

退伍後，他在士林經營精品店，專賣勞力士手錶、都彭打火機、男士服飾跟皮件等精品，當時正值全民炒股，股市攀上一萬二千點的瘋狂年代，他的生意也跟著受惠而興盛。但一九九〇年政府打擊非法金融及受到波灣戰爭的影響，股市大崩盤狂洩至二千四百點而泡沫化，也讓高消費客群消失，「誰會來買一萬塊的打火機，都去買十幾塊的了。」他回憶著說，最終因榮景不再，只能黯然關閉。

當時三十六歲的他，大女兒十歲、小女兒才一歲，為了養家餬口，他轉行開計程車。剛開始時，如果客人要到士林，他都會小心翼翼送乘客抵達，然後趕緊開走不敢多待一分鐘，深怕遇到熟人跟他說：「你卡早是董仔，現在怎麼來開車？」即使到現在，他仍不敢跟過去士林的朋友們聯繫。

從精品店老闆變成計程車司機，心中的關卡一直過不去，某天在西門町跑車，心情鬱悶的他把心一橫，「不爽啦！今天不開了！」把車子停在立體停車場，跑去看電影、喝咖啡、大啖美食，回到以往爽快花錢的悠哉生活。享受了一天後，回到停車場牽車，「慘了！我還是要面對那台小黃啊！」他驚覺玩樂一天後，把前一天辛苦賺來的錢都花光了，當天也沒有收入，想一想還是好好開車比較實際。

雖然決定好好開車，仍是在經濟壓迫下的認命，直到某天他在簽大女兒的家庭聯絡簿時，看到女兒寫著「我爸爸是個快樂的計程車司機」他心中的結彷彿一瞬間打開了，「欸！不錯喔！女兒肯定我，好！就當個快樂的計程車司機吧！」他轉變了自己的心態，正視司機這個職業。

俠義精神見證大小危難時刻

「上尉」從小就是路見不平拔刀相助的性格，每每看到他人有難，便會出手相救，「我十六歲時在台南新營看到有人出車禍，一個女生被撞得全身支離破碎，腸子等內臟都散落在路上，我心想這個女生也太可憐，怎麼沒人去幫她。」他沒想太多走過去，徒手將腸子等內臟器官捧起放回女生的身體裡，他說著我難以想像的故事，也讓我看到他自小潛藏的俠義精神。

因為每天在路上跑車，遇到危急時刻的頻率增加，他提起某次路上發生車禍，他趕緊將傷者送往醫院，後到的傷者家屬一直質疑他就是肇事者，嚷嚷著說：「一定是你撞的！不然哪有人這麼好心，會主動載人去醫院！」他當下覺得傻眼，無言以對，直到傷者清醒後趕緊澄清，才還給他清白。

也因此，朋友勸他：「你那麼喜歡救人，不如加入正式的，才不會惹麻煩。」隨著家中經濟逐漸穩定，加上開計程車時間較為自由，他於一九九六年正式加入「迅雷搜救總會」，開啟了日後一連串的「救援行動」，包括林肯大郡災變、大園空難、九二一大地震、新航空難、八八風災，到近期的復興航空空難，每一場令人心痛的大型災難，他都在現場參與搜救。

他回憶起震撼全台的九二一大地震，當天凌晨他聽到無線電通報後，立刻帶隊前往新莊「博士的家」，進入倒塌大樓內搜救約二十分鐘，因當時救災裝備普遍不足，燈光昏暗下，他以為伸腳踏在冷氣鐵板上，其實不然，一個踩空，整個人往下墜落，幸好他及時伸手，抓住一瞬間映入眼簾的不銹鋼窗框，「我如果沒有抓到，可能就要換別人來救我了。」上尉雲淡風輕談到這驚險的一刻。

保住生命的他，自己往上爬出來，這才發現剛剛的窗框其實是斷裂的，他的中指被劃出深深的一道傷口，鮮血不斷湧出。現場消防隊員一邊進行簡易包紮，一邊有二十幾台攝影機拍著他那包紮後更加腫大，只能一直比著中指的手，「我一直跟他們說不要拍啦！我手這樣很難看欸！」他摸著至今仍看得到十三針縫線疤痕的中指，笑著說。

被送往醫院治療時，在急診室等了一個多小時都沒人理，他跑去請護理師幫他趕緊縫合，護理師跟他說：「大哥，你嘛看一下旁邊，你那個一點點傷，等一下啦！」他趕緊回：「不是啦！我帶著一群弟兄正在救災，麻煩你趕緊幫我縫一縫，我要趕回去救災！」護理師一聽，立刻請醫生過來處理，情急之下完全沒打麻醉就開始進行縫合，那痛感他至今難忘！而這道永留中指上的疤，成了九二一凌晨驚天動地的見證。

「上尉」當時也是義警隊員，他熟識的刑警阿裕，老家就在南投九份二山，當地因為鳳凰山的聯外道路坍方，空投物資僅能送到山下的溪床邊，山上即將有斷糧危機。

得知消息，他二話不說在九月二十三日帶著八名弟兄前往，他們的任務是上山將居民帶下溪床邊。為爭取時間，他們捨棄了需要走七、八小時的一般公路，在原始山林中，拿著開山刀一路從山下劈砍樹叢往山上前進，四小時後抵達居民住所。居民們看到他們來救援都相當振奮，準備跟他們一起下山。

當時一位八十多歲的阿嬤堅持留守家園，不肯下山，他們只好砍下竹子插上藤椅，連哄帶騙像是扛轎般地扛著阿嬤下山。

半路上，阿嬤問他們：「你們從哪裡來的？」

他們回：「我們台北來的。」

阿嬤用著習慣的口頭禪說：「幹你娘！還有人這麼好心，從台北要來救我！」

隊員後來笑著跟當時是副隊長的「上尉」說：「我參加救難隊這麼久，還沒有遇過被人罵這麼爽的！」這句話，讓我們都大笑了。

「做這事就像吃嗎啡，會上癮！」他聊起救援行動，雙眼炯炯有神，閃閃發亮，那神情就像協會桌上的那張新聞照片。他在八八風災時，徒步深入善化東勢寮淹水民宅中，拖著橡皮艇來回救出一百八十多人，最後在雨中，單手抱著一個孩子步出災區，被攝影師的相機捕捉到他的認真帥氣。

花錢做義工，一做二十四年

「上尉」一開始加入救難隊時，想說入隊費只要兩千元，就繳費入隊，後來幹事才跟他說要自行買全部裝備，前後花了一萬元左右，「我那時很後悔啊！一萬元就這樣拿出去，真的是頭殼壞掉，花錢做義工！」他回憶起當時爸爸也對他說：「吃飽太閒，去做這些幹嘛！」

「我從小就是人家說愛管閒事的人，只要聽到哪裡有災難，心裡就開始難過，沒去現場就渾身不舒服。」八八風災時，電視報導屏東縣副縣長鍾佳濱掉著淚說：「我們很缺橡皮艇，請大家救救我們！」鐵漢如「上尉」，看著電視，眼淚直掉，等不及政府發出的協助搜救通知，找了幾個弟兄就衝往南部。

「我負責帶弟兄去，就要負責帶他們回來。」這一直是他的信條。莫拉克風災後在六龜救災時，幾名弟兄深入災區救援，因為全面斷訊，等在封鎖線外的他焦急萬分，整夜無法入眠，直到隔天一早，聽到無線電傳來「上尉！」的呼喊時，心中的大石頭才終於放下。救災時的他俐落謹慎，帶隊時的他嚴格重紀律，「我跟弟兄說，我不會帶你去死，但你出去穿著制服就要聽我的！」就是這樣的大哥氣魄，讓弟兄們對他都相當信服。

救援多年，「上尉」在二〇〇三年籌組成立了「樹林水上救生協會」，當時他也邀請爸媽一起參加成立大會。爸爸看著這一方天地，看著一群弟兄如此信服他，臉上露出了驕傲的神情說：「要做就做好！」「上尉」很欣慰地表示，父母的肯定讓他更堅定持續投入救援這件事。

九二一地震後，政府開始補助民間救難單位，也開始規範民間單位需具備相關證照才能執行救援行動，不論是CPR（心肺復甦術）、EMT（緊急醫療技術員）、IRA（初級繩索技術）、急流救生或救難潛水，每一張證照都要請假受訓，再自掏腰包花上千元考照，「九二一後去救災我們才有便當吃，以前都累得要死，還要自己去買便當。你有看過這麼傻的人嗎？」他一說完，自己都大笑了起來。

我問他，這麼傻怎麼還要去做？他有些難為情，「我年輕時是歹子，沒有殺人放火，但還是做了些年少輕狂的事，現在自己有點能力了，想說可以為社會做些好事，就沒想太多，一股腦兒去做了。」成為救難隊員已二十四個年頭，熱情卻不因年齡增長而消退，他一一介紹牆上掛著的隊員名字、照片及證照，以及滿牆的政府及民間感謝狀。

在他心中，救援這件事已是他的生活，早已像血液般融入他的體內流動著，至死方休。

武周大哥給讀者的話

心存善念，絕對有好報。

18 山中的行善俠士

到新竹寶山鄉的山區採訪楊雲洲大哥，地點是附近唯一的一家咖啡廳，他看著菜單上三百元起跳的套餐，小聲地說：「我第一次吃這種餐欸！」前陣子他想帶老婆去餐廳吃飯，開車繞了老半天，老婆都覺得價位太高，最後兩個人跑去吃陽春麵，開心地享用一餐。

楊大哥自己生活節儉，對老人家卻是不吝付出，之前他開復康巴士時，經常要載老人家去醫院，山區裡的老人家住哪裡他都瞭若指掌，每日細心接送。

某次，他從五峰鄉載了一位奶奶到醫院，奶奶跟他說：「楊先生，我兒子兩個多星期沒回來了，五十多塊的車錢可不可以下次再給你？」

他說：「不要緊，這趟我不跟你收錢，但你回去不是我載，就沒辦法幫你。」

接著他問外傭：「奶奶還剩多少錢？」

外傭回答：「十幾塊。」

他說：「那怎麼夠吃飯？」

外傭說：「就吃白飯。」

他說：「這樣不行，奶奶需要營養。」

那天，他把身上的兩百元給了外傭，要她帶奶奶去好好吃頓飯，這個舉動讓奶奶銘記在心。由於復康巴士是公司統一派車，奶奶若是沒搭到他的車，總會有些失落地問其他司機：「為什麼不是楊先生來接我？」

復康巴士開了一年多，楊大哥在二〇一三年轉行開計程車，「開計程車時間比較自由，我可以看看老人家喜歡吃什麼，就帶去給他們。如果牙齒不好，我弄一碗蒸蛋給他們吃，只要金錢上沒有透支太多，我老婆不會反對。」

在老婆的支持下，楊大哥自發地展開長者關懷行動，穿梭於寶山的山間，照顧各角落的獨居老人家。

察言觀色救一命

古道熱腸的楊大哥，某天早上接到新竹市的乘客叫車，到達指定地點後，只看到一個二十多歲戴眼鏡的女子，理著光頭，腳穿一雙室內拖鞋，神色恍惚地徘徊著，他問：「小姐，你有叫車嗎？」對方沒回應便走進社區，沒多久又出來，然後上車，說要到台北某飯店。

一路北上到楊梅時，對方突然說：「司機大哥，我還是不去了，我要回家。」楊大哥依照指示送她回社區，沒想到，她又跑出來說還是要去台北。楊大哥判斷有狀況，試圖跟對方攀談，卻沒有什麼回應，於是靈機一動說中午肚子餓了，建議不妨先一起用餐。

用餐後，對方去廁所，楊大哥也在外面等，深怕會出什麼事。後來對方卸下心防，跟他說：「大哥，你不要叫我小姐，叫我小弟。」原來因為自己的性向，年輕男子從國中開始一直遭受霸凌，他相當痛苦，打算結束生命。

男子露出脖子與手臂的傷痕，表示自殺過三次。楊大哥一邊聆聽，一邊慢慢開車，嘗試緩和他的情緒。「你不必聽別人的閒言閒語，你要為自己而活。你這樣離開家，家人找不到你，大家一定很著急。」楊大哥希望他提供家人的聯絡方式。

然後，楊大哥打給男子的父親，電話那頭傳來焦急無比的聲音。因為男子出門時留了遺書，並傳簡訊給好友，所以不僅爸媽，好友也立刻請假來幫忙找他。

「孩子在我車上，我會把他平安送到家，請放心！」掛上電話後，楊大哥看到男子一把鼻涕一把眼淚釋放了情緒，得到同意後便載他回家。下車前，楊大哥叮嚀著：「答應我回去不要再做傻事！心裡不舒服時，一定要去看醫生！」

爸媽看到孩子平安歸來，萬分感激地不停道謝，一直說要包個大紅包，楊大哥堅持不收。後來，楊大哥得知男子住院接受治療，表示想去看看他，對方回覆：「我不想讓別人看到我現在的樣子，請不要來，等我出院再跟大哥連絡。」幾個月後男子出院，楊大哥立刻去探望他。對於過客一般的陌生人，楊大哥誠摯地付出關懷，將溫情灌注給對方，在關鍵時刻挽救了一條寶貴的生命。

鍥而不捨的關懷

與楊大哥同村的一位張爺爺，曾有半年的時間，包下他的車往返外縣市就醫。張爺爺年輕時經濟狀況很好，常擺出盛氣凌人的姿態，權威式教育讓六個子女與他漸行漸遠，到了晚年兒女都不在身邊。

某天，張爺爺的女兒打電話來，說他們沒有錢，想麻煩楊大哥帶張爺爺去看病。想到九十多歲的老人家，身體有病痛時是多麼不舒服，於是立刻答應，不僅不收車資，還幫忙出看病的費用。

後來，張爺爺的女兒開口向他借錢繳房租，儘管有些遲疑，還是出手幫忙。楊大哥很納悶，早年相當富裕的張爺爺怎麼會連診療費跟房租都付不出來呢！

後來他才知道，獨居的張爺爺前幾年在公園結識了一名女子，被對方騙了感情，還將房產交給她熟識的房仲便宜賣出，之後女子便突然消失，手機也斷訊，而賣房子的錢卻所剩寥寥無幾。為此兒女們對他更加不諒解，沒人願意回來探望。

後來張爺爺連生活費都沒了，三餐不得溫飽，憂鬱得想自殺，楊大哥幫忙去社會處申請急難救助金。張爺爺的兒女知道後很生氣，打電話來罵他：「你管閒事幹嘛！他要自殺就讓他死好了，幹嘛還幫他申請錢？」儘管如此，楊大哥仍常常傳訊息給張爺爺的子女：「不管如何，他都是你們的老爸，回家來看看吧！」

張爺爺淒涼的景況讓人很不忍心。有一天，楊大哥的老婆燉了補品，夫妻倆帶來給張爺爺，剛好在樓下碰到張家嫁到外地的女兒，對方不僅沒有半句感謝，劈頭就責怪楊大哥傳訊息干擾自己的生活。

自此楊大哥不再奢望張家兒女能關心自己的父親。後來，楊大哥在飲料店看到「華山基金會寶山愛心天使站」的零錢箱，知道有專門照顧獨居長輩的機構，於是打電話去詢問，而與基金會黃站長聯繫上，並說明了張爺爺的狀況。

透過黃站長提供食物、物資，以及定期探訪關懷，張爺爺終於過了一段安定的生活，直到最後孤獨地離開人世，「他過世的時候，都沒人知道。」

穿梭山間，越做越高興

之後楊大哥成為基金會的志工。寶山站雖然非常小，但是幅員遼闊，列冊照顧著新竹縣寶山鄉廣大山區內的七十三位長輩。楊大哥每天工作結束後一定會去看看老人家，「我那天去看何奶奶，她一看到我就說：『唉歐！你又來了。』我開玩笑回：『我不小心又路過啦！』」楊大哥幽默又有愛心，難怪老人家看到他都很開心。

「我喜歡撩貢！」我一時聽不懂楊大哥這句話的意思，黃站長笑著解釋：「就是撩妹的撩。」原來，客語的「阿公」是「阿貢」，而楊大哥去看老人家時最愛做的事，就是逗弄阿貢、阿婆們，讓他們開懷大笑。

「一開始我還不敢一次分給楊大哥太多人，怕他吃不消，沒想到他自己就主動去探望更多長輩了。」楊大哥聽到後補充：「我知道了就不能放著。」他也娓娓細數起幾位長輩。

某天晚間七點多，山上下起大雨，他擔心住在偏僻陡峭山上油田村的劉阿貢，於是打電話去確認是否平安。打了三通都沒人接，他跟老婆說：「我覺得有問題，怎麼會沒接電話呢！」他立刻趕到劉阿貢家，一進門，就看到老人家躺在滿是水的房間地板上，全身濕答答地動彈不得。他趕緊抱起劉阿貢，幫他洗熱水澡、換上衣服，再抱回床上幫他包好被子暖身。

劉阿貢說，睡到一半想上廁所，起身後就暈倒在地，雨水從隔壁的破房子流到他的房間……。他算了算劉阿貢起床到他抵達的時間，不禁嚇出一身冷汗！因為劉阿貢已在地上躺了五個小時，他不敢想像自己如果晚一點到，會出什麼事。那天他陪著阿貢直到晚間十一點多，確認他可以下床走動了，才叮嚀著：「你要小心喔！我走囉！」

某日去探訪徐阿貢，發現徐阿貢尿褲子了，他幫忙換褲子時，發現徐阿貢的睪丸腫大，胯下已經潰爛到跟睪丸黏在一起，而且因為長期悶住，臭味難掩，「我都差點吐了，趕緊幫他清洗，一邊洗，徐阿貢一邊痛得唉唉叫，我去了一趟中藥行拿藥粉回來幫他擦。」

原來徐阿貢已經不舒服很久了，但因為害羞，不好意思開口，「我跟他說不舒服要講，不然爛掉了怎麼辦。」之後去看徐阿貢都會幫他仔細檢查消腫的狀況，「他現在比較不怕我，不會害羞了。」我聽著這個故事，心中不免想著，現今很多人恐怕連幫自己年邁的父母洗澡、換尿布都做不來，楊大哥卻把這一切視為理所當然。

聽他談起這些長輩，以及許多照顧的小細節，楊大哥無時無刻惦記著長輩們的心意表露無遺。

聊天的力量

「大哥總會不經意地讓長輩說出心裡話，他們常常一開口，就會有許多心情故事，那都是我服務這一兩年來從沒聽過的。」年輕的黃站長剛出社會不久，如此描述楊大哥的「特異功能」，也談起林爺爺的故事。

九十多歲的林爺爺，兒子剛出獄又染上毒癮，每次回家就是拿錢，林爺爺只要講到兒子，既擔心又生氣，常常吃不下也睡不好，一心希望早點離世解脫。

楊大哥知道後，跟爺爺聊了四個多小時，慢慢開導他：「爺爺，你現在都九十多歲了，想那麼多幹嘛！每天過好自己的日子比較重要，等時間一到，閉上眼，什麼事都沒有，輕輕鬆鬆就走了。」隔幾天他再次探訪，林爺爺說：「你那天這樣跟我說，我就一覺到天亮了欸！」一次的聊天，讓多年沒睡好的爺爺感到安心，不僅如此，楊大哥還跟林爺爺分享一些妙招。

他到銀行幫林爺爺把一萬元全部換成百元鈔，他跟爺爺說：「你兒子回來不用跟他回嘴，他要錢就給他，一次塞個幾百元，才不會每次都被他拿走大把的千元大鈔。」這樣可以讓林爺爺多給自己留下一些生活費，也能避免兒子憤怒的情緒，畢竟楊大哥無法時時在身邊保護他。

黃站長說楊大哥總是輕易就能夠解開長輩心中的結。「大哥每次交給我的探訪紀錄單都是厚厚一疊，我剛開始看著紀錄單都會想，怎麼能在一位長輩家停留四、五個小時這麼久。」楊大哥回說：「這其實只是一部分啦！有時候我去看他們，沒寫紀錄，因為我寫字不好看，還常常有字不會寫，就乾脆不寫了。」我想楊大哥的實際行動絕對比紙上、嘴上做得多。

「以前我不確定這樣陪長輩說話會有幫助，直到我看到楊大哥蹲在長輩身邊聊天，才發現原來聊天是一股強大的力量。」黃站長以尊敬的眼神看著楊大哥，楊大哥把許多時間奉獻給長輩們，除了協助日常生活、洗澡、擦藥、送餐、接送就醫，更多的是陪他們聊天。

「我今年已經送走了五、六位長輩，每次都哭得要死，跟長輩相處越久，情感的衝擊就越大。」黃站長說著，楊大哥的情緒也隱隱湧上，他回憶起八個月前離世的陳爺爺。

「爺爺有兩個兒子，其中一個還是我同學，他們都住在一起，但我不曾聽到他們喊他一聲爸。」陳爺爺有房有地也有不少積蓄，但還是習慣省吃儉用，褲子破了照穿，楊大哥曾經看不下去，自己跑去買褲子讓陳爺爺換上。

陳爺爺因罹患膀胱癌，他勸陳爺爺請看護照顧，但陳爺爺堅持不肯，私下常請楊大哥幫忙，然後把錢捐獻蓋佛堂。楊大哥說：「爺爺一直希望有生之年能看到佛堂蓋好，他要去開刀前，也跟佛祖祈求：『如果我活過一年就捐一百萬，兩年就捐兩百萬，三年捐三百萬……。』我經手的捐款至少有一千萬。」某次，陳爺爺跟楊大哥說要去農會，他以為陳爺爺又要去領錢捐款，就問：「今天沒有要去佛堂，你去農會幹嘛？」

原來陳爺爺知道楊大哥一直在照顧老人家，想要領錢給他，「以後如果遇到像我一樣兒女不聞不問的老人家，你一定要照顧他們。」楊大哥連忙回絕，「農會裡有認識的人，我如果直接收了你的錢，人家會怎麼想，你兒子會怎麼說，這樣不行。」他堅持要陳爺爺透過兒子把錢轉交給他，而且只肯收下其中的五分之一，楊大哥收到錢後，立刻將錢投入長輩的關懷行動中。

由於陳爺爺沒有做化療，楊大哥特別留意他的身體狀況，每天十點左右就會繞過去看看。陳爺爺的媳婦曾對他說：「你幹嘛那麼雞婆，他活得越久，錢花得越多。」一直照顧陳爺爺的楊大哥，說起媳婦那天的話，依舊氣憤。

某天，照慣例去看陳爺爺時，發現陳爺爺排便在褲子上，他幫陳爺爺清洗乾淨後就回家去了，下午兩點多午睡時，夢到了陳爺爺，「他說要走了，來謝謝我，跟我告別。」醒來後楊大哥趕緊衝去陳爺爺家跟他媳婦說這件事，並要她在陳爺爺的口袋裡裝多一點手尾錢，媳婦不理不睬。

這時陳爺爺已十分虛弱，全身肌肉無力，又排便了，他跟陳爺爺說：「你要去見佛祖了，身上髒髒的沒有禮貌，我再幫你洗乾淨好不好？」無法開口的陳爺爺點點頭，他幫陳爺爺清洗身體，深知時間已經差不多了。

洗完澡後，陳爺爺一直不肯闔上雙眼，他才發現陳爺爺在等兩個兒子回來，半個多小時後，兒子們還是沒有出現。楊大哥跟陳爺爺說：「你跟兩個兒子可能沒有緣，就安心跟佛祖走吧！」陳爺爺聽了才闔上雙眼。他們兩人之間有著比家人還深刻的情感，那一刻楊大哥也克制不了自己翻騰的情緒，一路跑回車上，放聲大哭。

每位長輩都是家人

黃站長說：「每位長輩都像是我的爺爺奶奶一樣，我就是去跟他們聊聊天，抱抱他們。」我跟著楊大哥、黃站長一起到長輩家中探訪。

「我們做久了，有些人的熱情會消退，但我覺得自己至今還很有動力，想幫長輩做更多事，尤其現在有楊大哥的協助，我更有堅持下去的力量。」看著黃站長與楊大哥熟練地為長輩們量血壓，自在地閒話家常，我彷彿看見療癒精靈的點點光亮，在山中持續不滅地閃耀著。

楊大哥給讀者的話

能做多少，就做多少。

黃站長給讀者的話

遇到難關不要怕麻煩，有時候關係是麻煩出來的。

19 三百一十二次的愛心接力

「因為入住的都是遠地就醫的病童家庭，你們記得一定要戴口罩喔！」到麥當勞叔叔之家採訪前，劉獻文大哥特別多次小心翼翼地叮嚀我。

「嗨！小寶。」獻文大哥先是開門，有如老朋友般地與被他稱為「小寶」的林佩蓉副理打招呼，一行人走進麥當勞叔叔之家後，更朝氣十足地跟其他人寒暄……「大哥每次來，光是打個招呼，辦公室就熱鬧了起來！」周汝玲經理跟我說。

全球共有三百七十五座麥當勞叔叔之家，台灣首座於二〇〇七年在台北成立，提供跨縣市來台北就醫的病童一個「出門在外的家」，每年約有一萬七千七百八十九位兒童與家庭人次受惠，他們私下暱稱這裡為「House」，提供免費的住宿及關懷服務，減緩舟車往返的身心壓力及額外交通住宿的經濟負擔，讓有需要的孩子更靠近醫療資源。

許多企業認同麥當勞叔叔之家的理念，提供多項援助支持，其中一項就是捐贈免費物資供入住的家庭使用，獻文大哥也因此而和麥當勞叔叔之家有了連結。

六年多來，每週三他和其他隊員輪流到麥當勞叔叔之家報到，因為這天是他們每週一次的免費載送物資專車服務，風雨無阻，從不間斷。

「物資很重要，不可以讓孩子沒東西吃。」他談到某次颱風天，週二傍晚臨時宣布要放颱風假，必須提前一天去載運物資。聯繫捐贈企業後，因為對方門市也要關門了，只有一小時可以收物資，他在狂風暴雨中飛車從桃園龍潭趕到台北市，「我想到孩子不能沒有這些食物，而且明天也不能運送，風雨再大還是在四十分鐘內趕到。」

物資送到，待小寶妥善安置這些需要冷藏或冷凍的食物後，他才離開。「我一定要完成這件事情，因為這些食物對他們來說是很重要的東西，所以我一定要送到。」這就是他，肩負責任就使命必達。

愛心是一種接力

獻文大哥曾經在林口長庚醫院復健室販售量身定製的鐵衣、義肢及膝關節支架等復健輔具，看盡人間百態，尤其看到二十幾歲的年輕人因車禍截肢，來量製義肢時，心情都相當低落。他會帶他們去看使用輔具後痊癒或狀態變好的人，幫助他們振奮精神。

一次，一位老太太因脊椎受傷，醫師交代她出院就要穿鐵衣，獻文大哥幫她量製好了，但八千多元的費用老太太實在付不出來，又聽說老太太的丈夫前不久才因跌倒住院，於是幫老太太出了這筆費用。在醫院多年，需要極大的耐心面對病患，也讓他的心更加柔軟。

二〇一一年，住在新竹的父親中風，他為了要照顧父親，轉而選擇一份時間較為彈性的職業——計程車司機。他台北、新竹兩頭跑，一邊載爸爸到醫院復健，一邊開計程車維持生計，這樣的日子持續了半年，直到爸爸離世。

那時兒子才讀國二，家裡經濟狀況不佳，加上年紀稍長，也較難找到上班族的工作，於是決心當個全職的計程車司機，每天認真跑車至少十五小時。

二〇一三年初，他在內湖接了一位乘客上車，對方要到大安區的金山南路，因路程有點距離，便隨性地和乘客聊起天來，得知麥當勞叔叔之家要從內湖搬遷到金山南路，而這位乘客就是「小寶」林佩蓉副理，當天她正要去勘查施工狀況。

「我一開始也不知道麥當勞叔叔之家在做什麼，還問她『是那個炸薯條的麥當勞？』」他笑說著這段連小寶都不記得的事，「我聽到他們在做的事情之後，就問小寶有什麼我可以幫忙的地方。」當時的小寶提到公益捐款、認養房間及企業認養「活力補給日」活動等，他默默思量著自己能做什麼。

認識小寶不到兩週，獻文大哥就熟識了麥當勞叔叔之家的其他夥伴，其中一位藍先生跟他聊到需要車輛載送企業捐贈的物資，他二話不說立刻答應，「司機就是一台車，順不順路全看自己怎麼走，不想走就怎樣都不順路；要想走，轉個頭就順路。我想說，這樣不用花很長的時間，就能完成愛心公益。」

周經理說：「愛心就像是接力賽，企業想要捐物資，我們也需要這些物資，可是中間的串連如果沒有人接棒，很好的事情就無法串在一起。」

第一次載送物資的任務，是到某企業的麵包坊拿麵包，因為地點非常難停車，且馬路車流量相當大，繞了幾圈好不容易找到臨時停車的地方。他急忙下車跟服務人員表明自己是來拿捐贈的麵包，沒想到服務人員回說：「好，但你要等一下喔！因為麵包還沒烤好。」他聽了很驚訝，「我當時以為要拿的可能是賣不完的剩餘麵包，沒想到是現烤麵包！」

載到麵包後，滿溢車上的現烤麵包香氣讓他至今難以忘懷。當他拎著兩大袋的麵包來到麥當勞叔叔之家時，開門的志工阿姨看著陌生的他問：「您好，您是？」

「我是來送麵包的。」

「我們沒有叫麵包喔！」

獻文大哥解釋當天自己第一次協助載送物資，志工阿姨才恍然大悟地收下物資，「後來他們看到我就知道麵包來了。」

小寶說：「他對我們的行事曆超清楚，細心的他常周全地提前打電話來詢問相關細節。」像是麥當勞叔叔之家裝修時暫停載送，或是遇到過年放假，要提早多載兩趟等等，他會早一步為基金會思考這些細節。小寶也笑著說：「他還常來問我：『我還可以做什麼？』很認真的他，一天到晚想著自己還可以多做什麼。」小寶提到獻文大哥這位奔波在外的隱藏版志工，語氣中充滿感謝。

風火輪志工的雙向力量

一開始，負責載送物資的只有獻文大哥一個人，當時擔任車隊新隊員教育幹部的他，時常和自己帶領的隊員以藍芽耳機電話連線對談。某次在載送物資途中，有個隊員問他：「獻文哥，你現在要去哪裡？」

「來去送貨。」

「送什麼貨？」

「要去麥當勞叔叔之家送貨。」

「可以賺多少錢？」

「沒錢。」

「沒錢送什麼貨？」

於是，他在電話線上介紹了麥當勞叔叔之家的公益服務，以及他協助載送物資的事情。當下隊員蘇大哥第一個主動發聲：「我也要加入！」線上的其他四名隊員也紛紛表示加入意願。後來大家在隊員小組聚會上，分享了這個訊息，最終集結了十二名隊員自願加入這個行列，組成了「風火輪志工隊」，每週輪流載送物資，「主動最珍貴！這些人都不是我請他們來的，如果是拜託來的，賣兩次面子就沒了，他們都跟我一起做了六年，是很有心的一群人。」

「我們每天在外面開車時間很長，常常看到路上很多畫面，像是拾荒的老人家或是路邊的可憐孩子，覺得自己都沒有機會出點力、幫點忙，剛好獻文哥談到這件事，當下就想加入。」蘇大哥說起自己加入的初衷，還有他眼中的獻文大哥：「他就像是家裡的大哥一樣，沒有幹部的架子，非常親切，每週二會提醒我們『明天要記得去送貨喔！』六年如一日，從不間斷。」

蘇大哥談到自己持續多年擔任志工的最大助力，「我結婚三、四年了，一直想生小孩，幾年來我們很辛苦地做了各種檢查和治療，甚至打算去做試管嬰兒，沒想到，就在我當志工的一個月後，老婆就懷孕了！我不知道是巧合，還是做好事有好報，但我的直覺告訴我：『這個工作我要一直做下去！』」

在建立起信任的基礎後，除了載送物資，麥當勞叔叔之家也常請他們幫忙載送病童就醫。司機大哥們在開車前會用酒精消毒車子、全程戴口罩。「記得有一次，我車開到門口準備載病童去就醫，看到的是一位剃光頭髮、插著鼻胃管的小女孩坐在娃娃車裡，那場景讓我永生難忘；尤其是後來，當我手裡抱著自己的孩子時，想起那個小女孩讓我好心酸。」

獻文大哥跟著說：「看這些孩子這麼小就要受苦，真的令人很心疼，也很不捨，我很珍惜每一次跟他們碰面的機會。我也很感恩，自己的孩子很健康，孩子真的只要健康就好！」

天天在麥當勞叔叔之家工作的周經理，更是感觸良多，「我在陪伴入住家庭的過程，他們勇敢堅強的生命經歷，給我很多的生命啟發。曾經有位在做化療的孩子跟我說：『阿姨，你知道嗎？我每次喝水都好痛。』因為做化療的孩子，整個口腔黏膜潰爛，我們習以為常的日常喝水，對一些孩子來說，連喝一口水都很辛苦。孩子和我們的分享，提醒著我們健康有多重要，也更珍惜自己所擁有的一切。」

用歡樂補給活力

麥當勞叔叔之家有個長期推動的企業認養「活力補給日」活動，因為許多病童受限於身體狀況或擔心感染，很多地方都無法去，所以就在麥當勞叔叔之家，由企業和基金會一起籌辦專屬病童的 Fun Party，希望帶給病童們歡樂。「剛辦完活力補給日，孩子回醫院後，醫生都會問我們是給他們吃了什麼藥，因為不僅是孩子的心情，連血紅素的報告數據都變得很漂亮。」

獻文大哥初識小寶時，就一直惦記著這個活動。他是車隊樂活社的重要幹部，而樂活社舉辦許多和孩子有關的公益活動，像是每年固定一、兩次帶特教生家庭走出戶外的百人大型活動。獻文大哥覺得麥當勞叔叔之家內的病童跟許多特教生一樣，都因為長期治療而少了一般孩子所擁有的、可以隨時隨地玩樂的機會。

於是，在加入麥當勞叔叔之家志工服務不到半年，獻文大哥就發動樂活社來認養活力補給日，並對小寶提起這件事。當時小寶心中還很疑惑：「讓司機大哥來認養補給日，他們要怎麼參與？」

司機大哥、大姊們先是撥出開車空檔，花兩個月的時間籌備。活動當天，他們開著以酒精消毒過的車子，到醫院接病童返回麥當勞叔叔之家，一路上，孩子們都興奮不已地期待著。連同住在麥當勞叔叔之家的入住家庭，大家很快就在魔術表演、說故事和贈獎互動遊戲中打成一片，玩得樂不可支。「司機大哥、大姊就像爸爸媽媽一樣，細心照顧著孩子們。那天活動結束收拾東西時，獻文大哥馬上就問：『我下一次要辦在什麼時候？』」小寶笑著說。

在他全力的促成下，隔年八月又舉辦了樂活社第二次的活力補給日。「當時大哥問我：『我可以帶他們去宜蘭一日遊嗎？』我直覺的反應是，這有困難吧！」後來，獻文大哥和小寶分享了樂活社帶特教生到戶外活動的經驗：「我知道這個活動難度很高，要考量許多安全性的問題，還有病童的身體狀況等等，但因為特教生的狀況也非常多，一起參與的司機都很有耐心，我們也會在行前說明會中解說載送病童時特殊狀況的應變處理。」

於是，他們以原有的模式為基礎，舉辦了麥當勞叔叔之家第一次走出台北市的戶外活力補給日，周經理回憶：「大哥會想到很多細節，也會和我們分享過去特教活動的經驗；更可貴的是，他尊重我們的想法。他會問，機構有沒有需要？你們想不想辦？他不是一味地提供服務，而是根據實際需要，給予適當的幫忙。」

在獻文大哥嚴謹的籌備下，當天號召了二十八台車到不同地點接送二十幾個病童家庭，前往宜蘭傳藝中心參加活動，總計四十多名志工參與。與特教生活動稍有不同，這些孩子多數無法走動或行動不易，需要輪椅、娃娃車、醫護及社工陪同，因此在車輛的安排上要比較多，可能兩個人就需要一台車。

「大哥跟我說，沒關係，你要什麼就跟我講，我來想辦法。」小寶聽了相當感動。「你跟他講到的事情，他都會想辦法去做，或是想出更多的解決方法。」他們沒有一聲怨言，而是開心、細心地和病童家庭一起玩樂。

「辦完那次活動我真的很感動，也很感恩，看著那些不方便出門的孩子們，可以到宜蘭好好地玩一天，平安送回，就像完成了一項不可能的任務。」獻文大哥說。

運轉美麗人生的隱藏版志工

獻文大哥什麼都不計較，不計較時間，不計較金錢，常把「少跑兩趟車不會怎麼樣」這句話掛在嘴邊，什麼事情都沒關係。「所以我說他是一個『沒關係大哥』。」小寶感恩地笑著說。

在樂活社社長友翔大哥的心目中，「他是一個很熱心、很熱血的人，就像一位老大哥在身邊支持著你，他有一種獨特的魅力，能吸引大家的目光，不管是主持熱鬧的活動、正經的行前會議或是擔任課程講師，他總能讓大家自然而然地跟著他的腳步往前走。」

從一開始載送物資的線上糾團做公益，到活力補給日的號召，獻文大哥一呼百應地讓眾人追隨。周經理滿懷感謝地說：「他就像我們的隱形志工，自願成為窗口；一開始，有的司機對我們不是那麼了解，他就會跟他們說明，帶著他們去做，讓彼此都有更多的認識。」

「我曾聽過有大哥在車上跟客人介紹我們麥當勞叔叔之家，真的很感動。」這群司機就像是基金會的隱藏版志工群，在社會上各個角落默默地幫助麥當勞叔叔之家。

「大哥他們很真！他們講了就是會做，不只是表面上的客套幫忙，讓我們很安心。」周經理說著。

獻文大哥自己的感受是：「因為開車，我才能接觸到真正的公益，不是每個人都有這種機會，我做這件事絲毫不會影響我的工作，還能獲得心靈的滿足，得到真正的快樂。」

到麥當勞叔叔之家的很多家庭，進來時都是哭著描述孩子生病確診的過程，但他們離開時都是笑著的，周經理說：「大家一起用愛織出這個緊密的支持網絡，接住每個孩子、每個家庭，讓病童家庭在就醫的過程，覺得不孤單。」

「我覺得手中的方向盤不只運轉著生活所需，只要有心，一樣可以運轉出美麗人生。」這就是多年來獻出三百一十二次愛心接力的獻文大哥的心聲。

獻文大哥給讀者的話

雖然沒有很大的能力，但凡事用盡全力！

小寶給讀者的話

「隨手公益」用行動力來實現美好善意！

周經理給讀者的話

伸出手，拉人一把，啟動愛的循環，將使生命更豐盛！

前擋玻璃往前看，世界無盡頭

一見到陳秉中大哥，除了一身筆挺的制服外，掛在胸前銀亮發光的哨子引人注目，「我隨身都帶著哨子，車上也放著指揮棒，路上隨時遇到狀況或車禍，就可以緊急警示或指揮交通。」在路上，他不僅是開車，更像是個隨時待命的超人，只是超人必須躲進電話亭換裝，而他，則是在那一坪的車內隨時整裝待發！

這是一位司機該做的事

二〇一二年的那晚約十點多，秉中大哥正要從台北往桃園去接預約的客人，在五股交流道上高速公路後就遇到塞車，幾乎動彈不得，他心想：「不對呀！這時段不可能會塞車的。」緩慢地一點一點前進，過了泰山收費站後，他發現是一起重大車禍，一輛三重客運撞上另一輛停在路肩的國光客運，因為兩台車上的乘客眾多，路肩有許多流著血、哭喊著，或站、或坐、或躺的乘客們，救護車看來還來不及抵達現場。

他心想：「後面的車堵成這樣，救護車也上不來，即使來了也要一大段時間。」他當機立斷決定先幫忙處理車禍。

交代在桃園的同事去幫他接客人，自己也趕緊聯絡客人親自說明，對方很貼心地回他：「我看到即時新聞，情況很嚴重，沒關係！你快去幫忙。」

因為他是第一台協助救援的車輛，抱著能救多少是多少的念頭，第一時間就下車扶起六位受傷的大人及小孩上他的車，「起得來的我才敢載，起不來的怕動到引發體內出血之類的，就不好了。」其中一名傷患腿部疑似斷裂而有不少出血，他小心安置在計程車副駕駛座上，不顧車內滿滿血跡，加速開下交流道，趕往林口長庚醫院。

將受傷的人送到醫院後，秉中大哥心中仍掛念著車禍現場的其他傷患，想回去載運他們。為了爭取時間，於是他把心一橫，反正現場離交流道沒有很遠，他乾脆從林口交流道南下出口，逆向開上高速公路，一路閃著雙黃燈並長鳴喇叭，行走路肩約兩、三公里趕回到現場，過程雖然驚險，但他一心只想著抓緊救人的關鍵時間，這一趟，他又再載著六名傷患和抱著的二名孩子前往醫院，期間他也進線車隊，請求其他車輛支援。

之後路況恢復正常，當秉中大哥循著正常路線，從五股交流道上高速公路第三度回到現場，發覺已無受傷乘客了，原來是不久前有一台客運載走剩下乘客。他這才鬆了一口氣，隨即轉往林口長庚醫院協助警察製作筆錄到凌晨兩點才回家。

當天有受傷乘客要付車資給他，但他連忙拒絕說：「這是我該做的事，你趕快去治療，把傷醫好就好。」後續許多被他載送的傷患或家屬電話進線客服，想親自表達感謝或轉交車資，他都堅決請客服回絕，甚至因為進線詢問的次數很多，他還因此換了隊編，不讓人找到他，「我做這件事不是為了要求回報才做的。我心裡常想，如果哪天我是災難中的一員，我也會希望有人能來救我。」

多家媒體跟車隊表示希望採訪秉中大哥，公關也嘗試說服一直低調不想受訪的他，「你接受採訪，才能讓社會大眾知道許多計程車司機是默默行善的好人，扭轉原本對司機的印象。」他心想，受訪能讓計程車司機形象加分，那很值得，於是同意，「這個行業也是個大染缸，各式各樣的人都有，我就很不喜歡那些破壞司機形象的人。」

這起救援事件之後，他將計程車送去清潔，讓車子盡快回到服務乘客的最佳狀態。我跟他聊起血跡不好清洗的問題時，他說：「當下我沒想到這個問題欸！車髒了可以洗，生命沒了，就沒了，我只是做我身為司機該做的事情。」一句話道盡了深埋在骨子裡的強烈使命感。

傳承爸爸的良善

「我現在回想起來，覺得當下怎麼敢逆向上國道！」秉中大哥的爸爸看了新聞後也跟他說：「你是瘋子喔！不過，兒子你好樣的！」其實，他這一身的使命感，源自於爸爸。

他的爸爸早年是職業軍人，從小教育他，「遇到有人需要幫忙時，就應該伸出援手」。爸爸退伍後成為計程車司機，並且是計程車無線電台的台長，秉中大哥從有印象開始，就常跟著爸爸進出車行，認識這群他口中「很土性、很可愛」的叔叔伯伯們。農曆過年時，爸爸都會帶他到台裡，跟獨居的司機叔伯們一起圍爐，他也曾看過爸爸借錢給叔伯們，為的就是讓他們可以看個醫生，或單純只是希望大家能過個好年。

遇到有司機住院了，爸爸還會帶他一起去探望，尤其是隻身一人、無人照顧的司機，「司機是一個很需要自己照顧好自己的職業，也是很需要別人來照顧他們的人。」秉中大哥從小接觸司機，深知這個職業的特質，並且體悟到人最基本也最深層的需求——陪伴與關懷。

如果有司機出了車禍，身為台長的爸爸總是第一時間趕到現場協助處理，若有需要便以隨身攜帶的哨子協助指揮交通。從小耳濡目染的秉中大哥，也養成帶哨子的習慣，學會了車禍現場的處理流程，包括基本的通報救護車、報警、照相和畫線定位，哪些要優先處理，什麼東西可以動，什麼東西不能動，什麼樣的傷者不能移動以免加劇傷勢，哪樣的傷者則要立即送醫……。

「我從小就很雞婆，沒有入隊前，我其實想去開救護車，但我媽不讓我去。」社會關懷的使命感，渾然天成。

秉中大哥年輕時曾開店維修電腦及手機等，後來因為3C產業變化快速而結束店面，意外踏上爸爸的職涯路，成為計程車司機，「以前開著店生意就上門了，開車你繞半天也不見得有客人。」剛開始成為計程車司機，還抓不到開車的節奏跟慣性，「現在我都把客人當朋友，他才會回頭來找你。」他把自己當招牌，結交了許多乘客兼朋友。

「開計程車很好玩，可以遇到很多故事。」因為從小就跟在爸爸身邊，在他眼中開計程車不僅是開車，「我在路上看到車禍或事故，就覺得有責任要去處理。」他跟隨爸爸從事這個職業，更是傳承了爸爸的處事態度，自發地承擔起社會責任。

他談到九二一大地震時，跟著在救難協會幫忙的舅舅一起協助載送物資，連續十天的援助行動，每日台北至台中東勢數趟來回運送，只希望能盡自己的一份力量。他也聊到，某次從鶯歌載著一位女乘客，她要到三峽的恩主公醫院掛急診。車上，乘客一直喊著快喘不過氣了，他一路飛車載往醫院，協助女乘客就醫。雖然隔幾天就收到超速的罰單，但他甘之如飴，「錢再賺就有，生命不是用錢可以賺來的，不管後座載的是誰，我都把他們當家人，只想他們平安。」他傳達出從事這個職業最重要的任務。

還有一次特殊的經驗，某個大年初一的清晨六點，路上人車稀少，他在台北車站旁的天成飯店排班。突然，一台公車直衝撞上忠孝西路上的紐澤西護欄，被嚇到的他，擔心是公車司機因心肌梗塞而撞車，趕緊衝到公車旁查看，這才發現那是一台無人駕駛的公車，疑似機械故障暴衝，幸好車上跟路上都沒有人，無人受傷。

不過，秉中大哥前往查看的照片被傳上網路，他又因此上了新聞。記者在報導中寫著：「這個司機誇張！開公車撞護欄後棄車就跑。」該名記者沒有求證，以為他是公車司機自撞護欄。

當他笑著說這個烏龍報導時，我問他，會不會生氣被亂寫？他回：「我們都是以善為前提，人沒事就好了。」他總是以真切的態度，面對人生真正有意義的事，至於其他的，對他而言都是雲淡風輕，無須在乎。

人生至今覺得遺憾的事，就是二〇一五年六月二十七日，那天秉中大哥從凌晨四點的機場接送任務開始跑車，連續開了十八小時，直到晚間十點多正準備回家途中，突然跳出一個叫車任務，上頭寫著「八仙樂園來回」，他第一時間心裡笑說：「三更半夜是要去八仙樂園抓蚊子喔！」心中猶豫著是否要接任務，但想到自己累了一整天，安全至上，還是決定回家。

隔天一早醒來看到新聞才知道，八仙樂園發生嚴重塵爆意外，造成多人傷亡。秉中大哥一邊看著新聞，一邊掉淚，因為八仙樂園位處偏遠的八里，來往車輛原本就很少，「啊！昨天叫車的是不是一個急著要去找孩子的父母？如果昨晚我接下那個任務，應該不僅能載出呼叫任務的乘客，更可以協助載出其他傷患了。」他對於自己沒能接下任務深感後悔，難過不已，「本來應該可以幫到他們才對。這是我到現在都還很遺憾的事。」

我對秉中大哥的想法感到驚訝，因為這只是一個閃過的任務，是一件誰都無法預料的事。但這就是他，總是看到別人的需要，想到自己的責任，他的良善，早在爸爸的傳承下灌注在他的血液之中。

一坪的空間裡，他看到了全世界

肩負使命、渾身正義感的秉中大哥，常在開車途中協助各種大小狀況。他無法接受不禮讓救護車的車子，「遇到不讓救護車，喇叭按都不理的，我就一直吹哨子！有些駕駛可能車內音樂開得太大聲，聽不到救護車鳴笛或喇叭，但這個高音哨誰都聽得到，一般而言都會讓的。」他認為只要將心比心，互相幫助，就能減少許多社會問題。

「很多事不能用錢來衡量，我覺得我在做一件對的事情，在做一個司機本分該做的事情，我不希望自己的一個疏忽或是一個私心，而造成什麼遺憾。我覺得救人這件事遠超過金錢的價值，即使再遇到一次，縱使我要洗車、被開紅單，我還是會做一樣的事情！」他堅定地表達信念，表情充滿著正義感和使命感，就像超人一樣。

「車裡就是我的世界，車上六面玻璃，乘客看到的都只是一片小小的窗，都只是一直路過的景象，但我看的是大大的擋風玻璃，我看出去的世界是沒有盡頭的，是一直向前進的。」在這一坪的空間裡，秉中大哥看到了一直向前邁進的寬廣人生。

秉中大哥給讀者的話

沒有什麼事情是解決不了的，相信自己有能力解決一切問題。

阿明，你在哪？過得好嗎？

「我到現在只要想起那個畫面還會忍不住掉淚。」台灣大車隊總督導陳鑽祥大哥在電話中說，聲音已經哽咽。短短的五分鐘通話，我聽得出來這個故事在他心中的份量。

一見面，鑽祥大哥拿出經過平整對折再對折、謹慎保存的六百字稿紙遞給我。攤開稿紙，他漂亮工整的字跡躍至眼前，傳達著那試圖好好寫下故事的心情，可惜的是，整張紙只寫了一段。

「我曾經想要把這個故事寫下來，但是每次寫個幾句，就寫不下去了……」看著他那紅了的眼眶，讓我更想知道是什麼樣的故事，能讓看過無數司機的總督導如此揪心。

五年前，擔任教育隊長的鑽祥大哥在新進隊員座談會上，照慣例問剛入隊的阿誠大哥：「你為什麼想加入車隊？」阿誠想都沒多想地脫口而出：「為了孩子。」這答案讓他心頭一震，他知道自己必須多了解眼前的這個人。

沉默寡言的父子倆

阿誠入隊前是自營的計程車司機，但因收入不穩定，加上兒子阿明的啟發，就此加入車隊。

當時阿明上小學一年級，但他一直不想去上學，老師跟阿誠說，阿明沒有穿制服，覺得自己跟其他同學不太一樣，格格不入，因此排斥上學。阿誠聽了趕緊幫阿明買好制服，讓阿明融入學校這個群體。

阿誠想，如果自己加入車隊就可以穿著乾淨整齊的制服，跟其他的計程車司機一樣，或許收入也會因此好一點，於是決定加入車隊，也開始有了如鑽祥大哥這些幹部們的關心。

阿誠是個單親爸爸，經常違規載著阿明一起開車，有些乘客體諒他一個大男人帶孩子辛苦，沒多說什麼，但多數得到的是乘客客訴檢舉。只要有客訴，阿誠就必須向幹部說明，每當他因為這些客訴來到車隊辦公室，總是心事重重地低著頭，原本就沉默寡言的他，也變得更加自卑、更加沉默。

鑽祥大哥也曾問過阿誠，阿明的媽媽呢？阿誠回他：「被我打跑了。」後來鑽祥大哥才知道，阿誠很愛喝酒，常常一喝醉就大發酒瘋，弄翻家中的桌椅，砸破碗盤，甚至對老婆暴力相向，每每把家中搞得烏煙瘴氣。

有次房東來催繳房租，阿誠又是酩酊大醉，老婆唸了他幾句，他們又爭吵起來，阿誠動手打了她後帶著怒氣出門，這次，老婆再也無法忍受，留下阿誠跟阿明父子，獨自離家出走。

那年，阿明六歲。

因為家裡環境的影響，和阿明相處時能感受到他早熟的個性，他總是一個人默默地跟在爸爸身邊，盡可能獨自處理好一切，不讓大人們為他擔心。阿明跟爸爸一樣沉默寡言，「他早熟到讓人心疼啊！」鑽祥大哥只能在一旁將一切看在眼裡，適時地給予幫助和關懷。

後來，鑽祥大哥邀請阿誠參加定期舉辦的新進隊員座談會，幾位大哥大姊們圍成一圈坐著，彼此分享及交流跑車的心得，學習如何讓跑車更順利，如何讓收入可以更好，因為對生意有幫助，所以阿誠也很樂於參加，當然，還是帶著阿明一起。

因為跑車方法進步，加上車隊的客源穩定，入隊後半年，阿誠的生活和經濟狀況逐漸好轉，臉上也漸漸有了表情與笑容。當時車隊每週舉辦的週日電影院，或是每月舉辦的親子園遊會，他也會帶著阿明一起參加，跟隊上的大哥大姊們互動漸漸頻繁。

阿誠待的中隊是唯一有女子小隊的，所以隊上的大姊們多會熱心地幫忙照顧阿明，希望沒有媽媽在身邊的他，也能感受到媽媽的溫暖。時常關心阿明的林思慧大姊說：「園遊會時看到阿誠帶阿明來玩，其他小孩子都玩得很瘋啊！但阿明就是靜靜地跟在爸爸身邊，看到我們就輕輕地點一下頭。」

阿明剛開始參與活動時相當害羞膽怯，但隨著與這些司機大哥大姊們相處的時間久了，他的心房也逐漸打開。有時，阿誠因剛好有乘客，不方便去接阿明，他就會輪流請其他司機們幫忙接送阿明下課回家，阿明也跟大家慢慢熟稔起來，「我載阿明時，會試著多跟他聊聊天，也會問一下阿誠現在還有沒有在喝酒，幸好答案都是沒有。有次阿明跟我說：『爸爸從來不會打我。』我當時心想，雖然阿明沒說，但爸爸的愛，他一直都感受得到。」鑽祥憶起當時，「我在後來幾次的園遊會看到阿明時，那開心的表情是我看過他最快樂的時候。」他微笑著說，彷彿阿明的笑容正在他眼前綻放。

意料之外的團聚

阿誠跟阿明在大哥大姊們的陪伴下，重新找回生活步調，感覺兩人的一切都逐漸好轉中。

直到阿誠入隊兩年多，一次，鑽祥大哥去接阿明，阿明上車後跟他說：「爸爸昨天晚上喝酒了！爸爸一直哭，一直哭，然後喊著媽媽的名字。」阿明一邊說著，一邊紅了眼眶，這是阿明少數展露情緒的時刻，鑽祥大哥說：「那時候，我發現只要跟阿明談到媽媽，他的眼神中總是帶著恨意。」

一個媽媽離家時才六歲的孩子，面對家庭的劇變，又剛進入小學，開始學習理解更複雜的情感和語言，正面情緒開始收斂，負面情緒卻更有能力模仿和表達，當時的他，對於媽媽的離開，心中除了難過，應該還有著許多不解吧！不解大人世界裡的混亂和荒唐，不解該如何承受這一切，就像他的沉默寡言，可能是他不知道要如何面對這些「大人」。

沒過多久，意外發生了。

當時阿誠正在台北市府的排班點候客，突然昏厥車中，車子直撞上牆壁，排班點的大夥們趕緊衝過去，緊急將他送往醫院，經過醫生檢查診斷，原來多年愛喝酒的習慣，讓阿誠罹患肝癌，只是他自己一直沒有察覺，送醫當時已是末期。

這個晴天霹靂的消息，讓當時九歲的阿明不知所措，一個孩子呆愣著面對躺在病床上的爸爸，完全不知道該做些什麼。大哥大姊們輪流天天陪著他，接送他醫院、學校和家裡來回，陪他辦手續、回家拿換洗衣物、幫他準備餐點……。

某天，醫生要跟家屬說明病情，鑽祥大哥陪伴阿明，聽著醫生對著孩子說：「你爸爸時間不多了。」阿明的眼淚立刻簌簌掉了下來，半天說不上一句話，鑽祥大哥自己鼻頭酸楚，揪心極了。

緩了一陣情緒後，阿明請鑽祥大哥載他回家一趟，「我當時不知道阿明要回家做什麼，直到後來才曉得，原來媽媽在離家一年後，曾偷偷回家看過阿明，那時媽媽塞了一個紅包給他，阿明原封不動地把這個紅包藏起來。」

阿明拿了紅包，在返回醫院的路上小心翼翼地打開，裡面除了媽媽給他的兩千元，還有一張小紙條，上面是媽媽的電話，「那一刻我才知道，原來他是要打電話給媽媽。」到了醫院，阿明就站在大廳外的電話亭撥了電話：「媽，你快來，爸爸快死了！」他哭喊地說出這句話，在一旁見著這幕的鑽祥大哥也頻頻拭淚，這孩子在成長的路上承擔了多少的苦難，這一句哭喊，彷彿是阿明將心中沉積已久的情緒一次釋放。

一小時後，媽媽來到醫院，阿明領著媽媽到阿誠的病床邊，阿誠一見到老婆出現在眼前，眼淚就不聽使喚地拚命掉，邊哭邊對她說：「我對不起你啊！這麼多年讓你辛苦了！」老婆也哭著回應他：「你怎麼把自己折磨成這樣子。」一家三口抱在一起大哭，分開三年多的日子，各自都經歷了許多事，但在這一刻，他們終於團聚了。

當個計程車司機

好景不常，這已是他們僅有的幸福團聚時光。三個月後，阿誠走了。

在阿誠的喪禮上，大哥大姊們都到殯儀館送阿誠最後一段路，公祭時，鑽祥大哥坐在最後方，看著阿明對著一次次的親友上香，一貫面無表情地輕輕點頭回禮，直到他們這群大哥大姊們向前進行上香儀式，當司儀喊出「家屬答禮」時，阿明不同於先前，而是深深地、用力地跪著磕頭回禮，傳達出他內心對他們的感謝，「他是個懂得知恩圖報的好孩子啊！」鑽祥大哥回憶著。

公祭結束，阿誠的遺體送去火葬後，鑽祥大哥載著阿明跟媽媽回家，路途很長，他們難掩悲傷的情緒，但還是斷斷續續地聊了些話，而最令他難忘，想起來仍鼻酸不已的那幕，是阿明邊哭邊跟他說：「我長大以後，也要跟爸爸一樣當計程車司機。」

鑽祥大哥說：「我當時聽到這句話，真的又心疼又感動。」他一方面心疼阿明這麼小就要承受失去爸爸的痛苦；另一方面，大哥大姊們給予他們父子倆的關心和溫暖，阿明感受到了，也真誠回應，這樣的暖心互動讓他深深感動。

「司機是命運共同體。」鑽祥大哥談起司機，有著深刻的感觸，「我跟幹部們說，在哪個位置並不重要，我們只是在不同位置上，服務不同的人。」鑽祥大哥認為司機這個職業，最容易獲得經濟基礎，但這種經濟基礎也是最薄弱的，「因為自己管理自己最難。」在督導的位置上，他看過無數的計程車司機，也聽了許多他們的故事，「天底下還有這麼多辛苦的人，我們能為他們做些什麼？如果我們可以伸手，多付出一點，就可以找到快樂。」這是他跟幹部們最大的自我期許。

他笑說自己當司機後真的改變許多，過去經常在國外工作，位處管理階層的他，剛開始跟老婆說要開車，老婆當他只是玩票性質不以為意，連以前的同事們都不相信，直到一年多後，買了車也成為幹部，老婆才發現他是玩真的。

過往他是在上指揮調度，現在是彎下腰來認真對待，老婆曾對他說：「你開計程車後，脾氣變得超好！」除了彎下腰對待乘客，他也以相同方式對待司機們，他憶起剛開始擔任幹部，第一次打電話給隊員時，對方滿腔怒火，連珠炮般對他罵個不停，他靜靜地聽，聽完後跟對方說：「謝謝！我打來就是要讓你發洩的。」掛上電話後，這些過去除了繳費，鮮少跟車隊有連結的司機們，百分之九十九都會再跟他聯絡。

鑽祥大哥默默地將這群司機掛在心上，「你可以幫助人，比你需要別人的幫助好。」

他也聊起自己的人生哲學，「人非完美，如果有八分不好，有二分是好的，只要能把二分的好，一直持續做得很好，那就很好。」就如他掛心的司機們，或許他們有些自己的問題及困境，但如果伸出手，拉他們一把，盡力給予溫暖，讓這些司機知道，在他們每次回頭時，都有人在背後支持著，那股力量會就更有力道。

就像當他聽到阿明說自己長大後要當個計程車司機時，他摸摸阿明的頭說：「做什麼都好，也不一定要開車，但如果你長大真的想來開車，記得來找阿伯喔！」

儘管阿誠已離開，阿明仍在鑽祥大哥心中深處的一隅，他一直很想知道，那個跟媽媽一起離開台北，斷了音訊的阿明，「你過得好嗎？」

鑽祥大哥給讀者的話

無論遇到什麼事都會過去的，就算你功成名就，會過去；痛苦傷心，也一樣會過去。

22 地震也撼動不了的穩定力量

走進「恆志的店」咖啡館，一面牆上貼滿著三五好友相聚的照片、店主人與朋友的合照、攝影明信片、色彩繽紛的花草風景照，還有些咖啡廳一隅的黑白照片。

這是距離台南大地震倒塌的維冠大樓最近的咖啡館，也是店主人為了完成愛彈吉他的兒子恆志的夢想而開的咖啡館，「我們住在（維冠）十二樓……」店主人才開口，話已哽咽無法再述。

左牆上有個醒目的紅色汽球造型吉他，順著吉他方向延伸出去，有十數隻紅色立體蝴蝶紙雕，下方是一塊留言區，寫滿留言的便條紙早已漫出了留言區。牆的左上方還掛著二〇一六年時任台南市長賴清德簽名的紀念盤，盤上寫著「日昇月恆，完子之志」。

便條紙上的留言滿滿都是朋友和客人的鼓勵，照片記錄著恆志生前的笑靨。看著別具風格的攝影明信片，店主人說：「我以前很喜歡拍照，尤其喜歡四處跑，拍些花花草草，就印出來放著，這些都是自己好玩的，只是現在比較少了。」

事發至今已過四年餘，他眉間揪緊的川字型印記，彷彿刻在臉上不曾卸下，白髮人送黑髮人的痛，應是一輩子很難解開的結。

阿佳，我們都在等你回來跑車

二〇一六年二月六日，小年夜凌晨發生的台南大地震，造成一百一十七人罹難，是九二一大地震後最嚴重的天災，也是台灣史上因單一建築物倒塌造成傷亡最慘重的災難事件。當時不僅全台近三千人投入救援，國際間也提供相關搜救設備及人員，全力支援救災行動。

住在與維冠大樓同一地區的陳來成大哥，被地震震醒後就持續關注著新聞，看著電視畫面中他熟悉的維冠大樓映入眼簾，這九棟地面十六層的大樓，直接攔腰橫倒在馬路上。他焦急地拿出手機聯絡，因為他知道車隊有位弟兄阿佳就住在這大樓裡。雖然阿佳不是他小隊裡的隊員，不過同住永康區，印象還是比較深刻，阿佳個性較為孤僻，在車隊熟識的同事不多。

「他一個人住在維冠。」來成大哥聯繫不上獨居的阿佳，著急地一邊撥給車隊宋副理通知這個消息，一邊趕緊到現場四處找人。一位跟阿佳較熟的同事說：「阿佳都是開夜車，地震發生後我趕緊打電話給他，但都沒接通，我一直希望他是在外面跑車，因為跑太晚，手機沒電，才沒接電話。」

來成大哥打給宋副理商量討論，看用什麼方法能找到人，「坦白說，看到現場的情況我們蠻難過的，那麼多人壓在裡頭，怎麼辦？」他說著，宋副理回他：「焦急也不是辦法，我在想我們是不是該有所作為，看有什麼可以做的，台南市政府也有來問是否可以支援車輛，我們一起來幫忙。」他一口答應說：「好！我來做。」

來成大哥在災區現場待了一天多，他發現不僅是從各方來的救難、醫護人員需要接送，家屬更需要頻繁地往來災區、醫院、殯儀館或家中，有關運輸的需求是二十四小時不間斷的，於是他立刻規劃了一份接駁計畫，一天分三班時段各八小時，南北各二到三個定點，約需六十位司機來協助。

接著他在群組發動號召義務協助，約莫半天的時間就迅速召集了六十台車，當時台南車隊僅約二百台車，等於一次就召集到隊裡將近三分之一的車前來義務幫忙。

在此同時，同事們還是持續尋找阿佳和他的車，期待找到一線生機。結果在震後三天，他們發現阿佳的計程車靜靜停在災區旁，同事們的心都涼了一半，一邊找人，一邊喊著：「阿佳，你在哪裡？我們都在等你回來跑車。」來成大哥心急如焚地拿著阿佳的照片，對著新聞攝影鏡頭，請大家一起幫忙尋找。

「一開始去到現場，看到那樣的斷垣殘壁，聽著家屬的嚎啕大哭，我自己也會忍不住偷哭，有時半夜裡想到，還會爬起來掉淚。」一直在現場調度的他，談起當時的場景歷歷在目，「只要搜救隊找到人，或是挖到大體，大家原本低落的情緒就會變得振奮起來！」整整一百八十小時的救援行動，是一場跟死神拔河的馬拉松，要保持著體力和心力，堅持自己的信念。

找到阿佳，一起收隊

地震發生後，來成大哥也趕緊通知阿佳唯一的親人姊姊，她跟阿佳的感情很好，事發前一晚他們還通過電話，她叮嚀阿佳說：「開車小心，天氣冷早點回家。」姊姊到現場後，望著倒塌的成堆瓦礫，無助地流著淚不想靠近，她不敢相信阿佳在大樓裡，她四處喊著阿佳的名字，期待能有一絲微弱的回應。

搜救進入第六天，開始下起大雨，土堆化為泥濘，石礫增加重量，搜救難度加倍，而阿佳還沒被找到，大家穿著雨衣持續努力著，包括一直在現場調度的來成大哥，雖然他內心感覺到凶多吉少，但希望至少能找到阿佳，能見到他最後一面。

搜救第七天，雨持續地下，第一天到過現場後，就一直在新營家中焦急等待的姊姊，這天哭著到現場拜託警方採樣DNA，希望能第一時間比對確認弟弟阿佳，她說：「昨晚夢中，阿佳讓家中的佛祖跟我說，他被壓在最底下，很冷，他想要回家，比較不會冷。」

隔天二月十三日，搜救計畫的最後一天，如果還找不到阿佳，搜救人員將依計畫撤離，這天，他們仍在找尋最後的三位失蹤者。來成大哥當天雖然沒有輪班，一早還是去到現場，但抱著失望離開，直到下午時分，終於傳來消息，找到阿佳了！

阿佳的姊姊搭著車隊的接駁車趕往殯儀館認屍，車上，她不禁崩潰大哭，身為同事的隊員也強忍住哀傷，不斷安撫她。來成大哥接到隊員的電話通知，「找到阿佳了！」這句話，讓他心中的大石頭終於落下，「找到就好，阿佳可以好好上路了。」

冥冥之中，在搜救的最後一天找到阿佳，阿佳等於也跟著大夥們一起在現場，一起收隊。

從二月六日開始直到二月十八日搜救結束，十二天的日子，對於受災的人們來說，卻是分秒難熬、無比漫長的日子，因為親人離世的不捨心情，更是難以向外人道盡的苦澀，「恆志的店」的店主也是受災者之一。當我環顧這間咖啡廳的一切，就像飲著一杯咖啡，雖然觸碰了苦澀，但也感受到灌注其中的甘甜，那份甘甜，來自於家人與朋友對於恆志，永不消失、無盡的溫暖和愛。

盡己之力，幫助更多的人

二十八歲就是工廠老闆的來成大哥，早在四十八歲時退休，但他在維冠大樓災難現場協調統御的寶刀未老，除了安排災區現場的接送外，並讓隊員們配合市府的調派，在殯儀館外接送民眾，他自己也擔任接送的一員，並協助司機的調度事宜。

「如果有個人接送任務要處理的，我都跟他們說，你就去跑，不要耽誤到原來的熟客，我再調派其他司機來遞補就好。」也有司機是值班時間到了還不肯下班，想留在現場多幫些忙，他會說：「你們八個小時後就可以再來，現在先回去睡一下，保持體力。」來成大哥在一片慌亂的災區現場，就像是一股穩定的力量。

當時，接送區排班點旁的居民對他說：「你們真的很棒！大家放棄賺錢的時間，自願來義務幫忙。」他回：「碰到這樣的事情，我們只是想盡一份力，如果是你們，也會這麼做。」他微笑著憶起這個令人感動的小插曲，「我們是計程車司機，大家都有為這個社會貢獻自己一份力量的心，這是我覺得蠻欣慰，也蠻感動的地方。」

經歷這一切，來成大哥感觸極深地說：「大自然的力量太巨大，凸顯了人類真的很渺小，經過這樣一個地震，什麼都沒了，人沒了，錢沒了，什麼財產都沒了……我心想，大家用盡心機要去賺錢，到最後一場空，什麼也帶不走。」從那時開始，他轉變心態，不再一直想著要賺多少錢，而是把更多的時間與重心放在公益上，也想多幫助一些隊員們。

「以前當老闆，經營的社會責任很重，一個員工就代表著一個家庭，大意不得。現在開小黃，時間自由，只要對乘客負責，相對輕鬆很多。」說得輕鬆，但實際上，身為幹部的他，仍習慣將責任扛上肩，付出關懷，照顧好每一位司機。

宋副理談起來成大哥幫助過的司機黃大哥。黃大哥孤身一人努力開車奉養年邁的雙親，但不知何故向地下錢莊借貸，後來因錢莊的瘋狂追債，被逼急了，開始跟其他隊員們小額借款。這樣被錢莊追著跑的日子，讓他無法好好載客賺錢，最終敵不過錢莊追債的壓力，而選擇輕生。

黃大哥家境原已清寒，年邁的雙親頓時失去家中唯一的經濟支柱，傷心、崩潰、茫然地不知所措，手邊也沒有積蓄可以處理殯葬事宜。

身為中隊長的來成大哥一聽到這件事，立刻先自掏腰包提供對方父母援助，並在車隊裡發起募捐，目標募得五萬元，好幫黃大哥舉辦一場簡單莊嚴的告別式，送他最後一程。告別式的會場，年邁的雙親淚流滿面，對著來成大哥跟隊員們頻頻致謝。

「我只是一個小小人物，許多司機都是苦哈哈地過日子，我能做多少，就做多少。」

他秉持這樣的信念，默默幫助許多司機，以及社會上需要幫助的人。就如我們採訪終了，他知道這家咖啡廳的故事後，一直說著：「我下次要帶同事們一起來這家店捧場！」不論做多做少，只要多一個行動，就是多一次契機，鼓舞更多人向前邁進。

人生就像一盤棋，高貴的是將帥，司機就像是兵卒，一步一步默默耕耘，一步一步向前邁進。

23 這個家將永遠被保存

暖心會是這本書起心動念的緣起，而李永漢大哥是讓暖心會正式運作的現任會長。除了司機和暖心會會長的身分，永漢大哥還擔任教育總召、行政督導和紀律督導。

身兼多職的他行程滿到不行，一早，我們約在公司一起出發探視那些他關心著的司機大哥們，只看他忙進忙出，絲毫無法停下腳步。負責在櫃檯處理司機疑難雜症的秀萍姊，偷偷跟我說：「永漢忙到凌晨四點才睡。」我聽了大吃一驚，後來得知，因為今天的採訪，責任感重的他將要處理的事務提早完成，不假他人。

處理完公務後，永漢大哥請暖心會的幹部大肥魚開車載大家一起出發，「大哥，很巧欸！我們上一次見面剛好是六個月前的這一天。」我發現這件事後，就跟大哥提起，「嗯。」戴著口罩的他，簡潔的一字回應，隱隱有道牆隔在中間，但從他的神情，我知道他其實還在思考著剛剛處理的公務。

愛上傻女人

永漢大哥說他過去喜歡一個人在家下廚、品酒、看電影。曾交過幾個女朋友，從沒認真考慮過成家，常常交往一段時間就分手，就外人來看，似乎有點不想負責任。

「我覺得孤單是安全的，小時候我就常一個人在家，而且我算是單親家庭長大的孩子，連打工時交到的朋友也都是，所以我從沒想過結婚生子，我覺得這是不可能的事。」直到與玉蘭相遇，他才有所改變。

「她是個傻女人。」聊到老婆玉蘭，他的表情完全柔和下來，「我們是在一場聚會認識的，我第一眼就覺得她的氣質很好。她也是車隊的司機，不過當時是別人的女朋友。」

當時玉蘭的男朋友已婚，她跟男友一家住在同一個社區裡，「她就是傻，居然答應這種事，沒幾個女人會願意。」他說著，感慨地搖搖頭。

永漢大哥雖然對玉蘭印象很好，但她名花有主，逐漸熟識後他才知道，「她的感情路一直都很坎坷，認識的男人沒一個好的，愛玩的、愛賭的，或是讓她意外成為第三者的，但她就傻傻的，即使遇到了也都不放棄，要是一般女人早跑了。」

當時玉蘭的男友總穿著名牌襯衫，打扮得光鮮亮麗，私底下很愛打賭博電玩，玩到負債累累，三番兩次跟玉蘭借錢。玉蘭打電話跟永漢大哥商量，「我跟她說，你千萬千萬不能借！這是你的老本。」但玉蘭被男友說要帶她遠走高飛的甜言蜜語打動，還是心軟地跟朋友借了八十萬。

沒想到，男友拿到錢不久，就跟玉蘭提出分手。玉蘭因此得了憂鬱症，整個人爆瘦一圈，朋友也一直說要拿回八十萬的欠款，玉蘭只好提早辦理退休，將勞保退休金一次提領出來還給朋友。

後來玉蘭離開車隊到電話行銷公司上班，在人生最低落的時候，無處傾吐的她找永漢大哥聊天。當時的玉蘭跟第一次看到時相比，整個人憔悴很多，「我一直在想，要用什麼辦法讓她回到以前，我認識她的那個樣子。」

他常去陪玉蘭聊天，「她下班後我就開車去找她，陪她在公園聊天。」有了永漢大哥的陪伴和鼓勵，她逐漸好轉，而玉蘭傻大姊的個性也讓永漢大哥喜歡上她。

慢慢的，兩人從朋友變成戀人，一起看電影、吃美食、四處爬山、全台旅遊，「她沒看過日出，我就帶她去看日出。」他們最常在家附近的河堤一起跑步。

「其實我的脾氣不是很好，她跟我在一起很遷就我。」他說自己處理公事和私事是兩套標準，私底下的他相當嚴厲，所以剛在一起時，有過許多摩擦，「有一次我們在車上大吵，玉蘭她車門一開就跳下車，我也沒有停，直接開回家。」我問他是為了什麼事？他笑著說：「我這人粗線條，其實吵過什麼事，也不大會記得，我是吵完就算了，不會記著的人。」

他嘴上說著自己和玉蘭間的爭執，但眼神中卻有更多疼惜，「她真的很讓我，我覺得是上天的安排，派了一個這麼包容我的天使到身邊。」

交往兩年，二〇一六年他們去太平山遊玩，回家後玉蘭開始發燒不退，「到醫院檢查後發現她得了白血病，也就是血癌。」幸好一開始很幸運地找到配對移植，住院半年治療後出院。

助人為善的遺傳基因

永漢大哥的爸爸當年隨軍隊來到台灣，「爸爸從小教育我們要正直、正義、誠實、助人。」對孩子的管教相當嚴格，小時候的他連跟爸爸講話都不敢。

爸爸因為生病提早離開軍隊，無法領退休俸，只能做其他工作賺錢。他開過計程車，五十歲時參與老兵運動，帶領榮民向政府爭取權益，到立法院說服立委通過法案，成為「退伍軍人權益促進會」理事長。

爸爸結識了許多老榮民，也幫忙將過世的單身榮民骨灰、遺產和遺物等送返家鄉，讓他們落葉歸根。

爸爸開始活躍於公眾事務、經濟狀況好轉，在外有了自己的生活。永漢大哥十五歲時，爸爸跟媽媽提出離婚，「我跪著求他不要離婚。」媽媽是爸爸的初戀，當年媽媽不顧家中反對而結婚，後來也一直隱忍爸爸的外遇，「但他一點愧疚都沒有，就是要離婚。那時真的很氣，我覺得他對不起媽媽。」

後來十多年，他沒有跟爸爸說過一句話，就連媽媽過世也沒跟他連繫。再次連繫上，是玉蘭二〇一六年出院後，過年時她勸說「那是你爸爸」，他才半推半就帶著玉蘭回台東見爸爸。

「雖然驚訝他老了好多，但我從他的背影，一眼就認出他來。」十多年沒有連繫，見到面後，那聲「爸！」迅速拉近兩人的關係。

永遠在一起

玉蘭出院半年後，白血病再度復發，化療似乎已經無效，但還有實驗標靶藥物可以試試，「我每天下班後都去醫院陪她，這應該是她最感動的一件事吧。」雖然治療初期有點成效，但病情始終無法穩定，白血球和紅血球的指數不佳，讓兩人很擔心。

就在那時，他開始思考「成家」這件事。「玉蘭讓我覺得，不管怎樣都要有個家。雖然她嘴上說不在乎，但我知道她介意年紀比我大。我無法給玉蘭什麼，只能在她走之前給她這個。」他忍著鼻酸，微微哽咽地說著。

也是這時，爸爸得了蜂窩性組織炎，因病情嚴重惡化，情況不甚樂觀。「我心想，要趕緊把握時間決定我跟玉蘭的事情。」他擔心爸爸走了會忙著處理喪事，如果要趕百日內結婚太過倉促，對玉蘭也不夠尊重。

於是，從醫院返家後，他載著玉蘭四處兜風，在車上跟她求婚，「你願意嫁給我嗎？」玉蘭聽到後又驚又喜：「真的假的？」不但馬上答應，還開心地打電話跟親友們分享這個好消息。

「她說我做了兩件事是其他男友都沒做過的，一個是送花，另一個是送鑽戒。」某年情人節，他買了一束花藏在身後，等玉蘭來開門時送給她，「我後來想，她對結婚這件事還是有所堅持，因為婚前她叫我『親愛的』，婚後才叫我『老公』。」

他們在同年十月二十四日登記結婚，但那天一早他就接到醫院打來通知爸爸病危的消息；辦理登記後，準備趕往台東時，爸爸已經離世了。上天的巧妙安排，像是將家人的位置傳遞給了玉蘭。

玉蘭曾經得過乳癌，在跟他交往前就已拿掉子宮，她曾跟他說：「我很想幫你生小孩，可惜我不能生了。」沒想過要孩子的他立刻回道：「拜託，你要我還不想生。」當時的他回得堅決，「現在有時候回想起來，如果我們有個孩子可能也不錯。」

治療了半年又再次復發，隔年二月他們最後一次出遊，不久玉蘭再次住院，這次的狀況更加不樂觀。四月進入加護病房後，情況時好時壞，「確定的是，我一親她血壓就會升高。」對於偶爾的好轉，連醫生也感到驚訝。

到了四月底，連他親玉蘭都沒有反應時，他就知道時間近了，輕聲地在她耳邊說：「累了就放下吧！你不用擔心我，你答應嫁給我已經讓我很幸福了。不要有牽掛，跟著天使到另一個世界去，忘了這所有一切，沒有痛苦，沒有煩心。」沒過多久，玉蘭就走了。

他談到心中的一個小小遺憾，在玉蘭第二次標靶藥物治療後在家休養時，某天他下班回家，親吻了睡在一旁的玉蘭，玉蘭突然問他：「你說，我們會不會永遠在一起？」他沒想太多回說：「會啊！」就轉頭睡去。「現在回想，當時我應該要抱抱她才對。」

他跟玉蘭說了很多、很多的我愛你，「她剛走的那幾天，我常夢到她跟我說『老公，我愛你』。」說起和玉蘭經歷的種種，他時而微笑，時而哽咽。

如果玉蘭還在世，最想跟她一起做什麼事？永漢大哥笑著說：「應該是一起去看雪，這是她最想做的事。」因為玉蘭沒看過雪，所以這個願望一直都記在他的心中。第一次化療結束後，他就帶她去合歡山，可惜連殘雪都沒看到；他牢記著玉蘭的每件事，也深記著這個未能幫她達成的願望。

「對於愛情的詮釋，可能是為了組織家庭、繁衍後代，但我跟玉蘭的結合只是為了要長久在一起。」相互陪伴是他們的起跑點，也讓他們的情感深刻雋永。

「老婆的離世，讓我想幫助更多的單身者。」玉蘭讓他深深知道陪伴的力量，他想將時間和關懷分享給更多需要的人。

一張名片陪伴到生命的終點

「第一次覺得計程車司機需要有人照顧，起因於隊員陳叔。」他當小隊長期間，隊上有一對叔侄計程車司機。陳叔單身一人，原本和小陳一家人住在一起，後來不知何故，陳叔被趕了出來，只能住在宮廟裡。

陳叔有糖尿病又愛喝酒，引發了高血壓以及嚴重的併發症，小陳沒有帶他就醫，而是直接送回嘉義老家。陳叔在嘉義期間，永漢大哥南下看過他一次，了解陳叔住家的環境，也拍了合照留念。沒想到，才過幾天陳叔就離開人世了，「每次看著照片都會想，這次居然是我看到他的最後一面。」

入車隊不久就擔任幹部至今，永漢大哥知道許多單身或獨居計程車司機的狀況，當他們遇到難關或是罹患重疾時，常求救無門，也無人聞問。

讓他印象最深的是蘇大哥。當時玉蘭剛過世四個月，他開車環島追憶玉蘭；正一一遊歷那些兩人曾駐足的景點時，在台東大武接到一通馬偕醫院的電話，對方跟他說：「有位車隊司機一個人來住院開刀，他給了醫院這張名片。」

那正是永漢大哥的名片，「很少有人敢在自己的辦公桌上放名片，因為司機人數很多，每天光接電話就會接不完，大家都怕司機打電話來。」於是他隔天就趕回公司。蘇大哥自小是個孤兒，沒有父母與兄弟姊妹，「我們從沒有說過話，印象中，他的右腳一直包紮著。」蘇大哥因為糖尿病而截了腳趾；這次他感覺到很不對勁，儘管意識開始有些不清，他趕緊開車到醫院求救，結果是中風，幸好即時開刀救回了性命。

「我那時候發現，這些隊員遇到狀況時，真的會打電話給我。」他到醫院去探視蘇大哥，一開始蘇大哥還昏昏沉沉的，但聽到有人喊他名字、提到車隊，蘇大哥立刻睜大眼睛，並默默掉下淚來，「我看了忍不住鼻酸。想到大哥只有自己一人瞪著醫院的天花板，怎麼會不掉淚……」

隔了一星期他再去探視，這次蘇大哥已進步許多，能認出他來，「我跟他說你別擔心，車子在公司，你要趕快好起來。」蘇大哥點了頭，他接著說：「你不孤單，有很多朋友關心你，公司也很重視你的狀況，一定會提供協助。你要加油！」

兩週後，醫院來電說，蘇大哥因為沒有家人，目前也尚未痊癒，所以社會局暫時安排蘇大哥到三芝的安養院接受照顧。「雖然開車要一小時，而且復原期可能很長，但我覺得這是老天交給我的任務，我告訴自己要持續來看他。」蘇大哥在一年後仍不敵死神的召喚，「但至少最後他的記憶是，有隊員陪伴著他走到最後，他不是一個人。」

「他從出生就不公平了，你說要用什麼動力繼續活著？」永漢大哥帶著微微的無奈情緒，「我覺得，人生珍貴的東西我都曾經擁有過了，我現在生活的目標就是盡量去幫助人。」他帶著擁有玉蘭時的美好心情，和爸爸那份助人之心的基因，將善的種子持續傳遞著。

剛開始接觸時，感覺永漢大哥不容易親近，也許正因為他肩負著強烈的使命感與責任感，「只要我知道的，我就去做。」我看到他的全心投入、拚盡全力地不斷努力。

軟心，暖心

五年前，永漢大哥被玉蘭說服而開始爬山，之後認識了車隊裡一樣喜歡登山的江大哥。玉蘭離世後，透過江大哥的介紹，他加入了蘇會長發起的「登山奉茶」行動——每個晴天的週日，一行人各自背著二十二公斤重的保溫茶水桶登上七星山主峰，就在山頂奉茶。

這段山路，有著七百公尺的陡上坡和不規則高度的石階，「第一次背水上山就發現，人真的不要隨便挑戰自己的極限，爬到簡直汗水、淚水都傻傻分不清楚！」這段山路，許多人沒背裝備都走得吃力了，他們卻要如此辛苦攀登，好為山友奉上一杯暖茶。「尤其冬天，大家格外感動，每次登上七星山頂時，都覺得特別滿足。」貌似冷漠的外表下，永漢大哥有顆柔軟無比的心。

「其實我心很軟，很同情弱者，很願意支持弱者；但我是同情他們現在，不是同情他們的過去。」他口中的弱者，不僅是透過暖心會看到的案例，「每天出來開車就是一種修行，越開車會越成熟，因為看盡了人生百態。」

某次除夕夜，他在台北市接了一個任務，一位女子給了車資，要他將一位老先生送到板橋。老先生上車後跟他聊了起來，說著剛剛那位唯一的女兒因住男朋友家，不方便讓他留宿，所以送他回去板橋的安養中心。

老先生有些中風，也有阿茲海默症，但永漢大哥更明顯感受到，團圓夜裡老先生無法和家人共度的落寞。到了安養中心時，他扶老先生上樓，確認好後才離開。

「我從小就覺得家離我很遠，但玉蘭讓我有了家的感覺。」如今他把玉蘭給他的家延伸向外，「真正的家會讓你感覺時間彷彿停止，彼此的感情將永遠保存下來。」

成為計程車司機十多年後，他慢慢體會到，「在這個當下，我是他們（乘客）唯一的朋友，唯一能幫助他們的人。」他聊到對司機這個角色感受最強烈的一次，某天一位匆忙的女乘客從捷運站搭車，上車後對他說：「大哥，今天坐上你的車，是我最放鬆的時候。」這是身為計程車司機最開心也最感動的話，「我覺得最輕鬆的事情就是開車，我喜歡在清晨的時候開車，看著早晨的美景，享受那種寧靜。」不只讓乘客放鬆，也能讓自己放鬆，他用開車療癒了他人和自己。

「只要有機會我就會到國家音樂廳欣賞交響樂，儘管門票數千元，但我覺得很值得！」他對於自己執著的事物，花再多錢也要去做，「想要做的事情，牽涉到自己的價值觀，跟職業、年齡都沒有關係。人不見得要擁有很多東西，找到自己的快樂最重要。」

這兩年，永漢大哥做了許多以往不曾做過的事情，像是跑馬拉松、看演唱會……，常常都是一個人，「要會生活，就要先學會和孤單共處。」到底要經過多少人生歷練，才能像他這樣安於孤獨？

我想，正是因為他深知如何與孤單相處，而更加理解眾多「天涯我獨行」司機們的內心世界吧！

永漢大哥給讀者的話

當你想要幫助人時，你就已經獲得快樂。

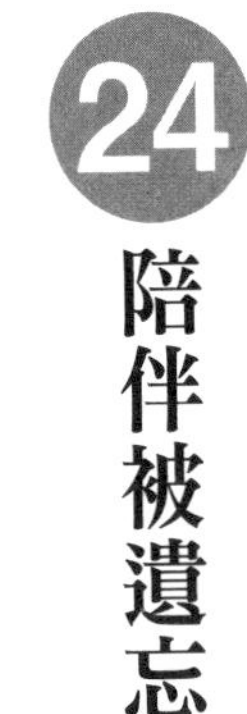

陪伴被遺忘的人

「每個人都需要關心。」現任會長李永漢大哥這麼詮釋暖心會「用愛溫暖，關懷你心」的宗旨，「幫助不分大小，在最需要、最重要的時候去幫助別人。」而暖心會的關懷對象正是計程車司機。

選擇以計程車司機為對象，除了暖心會是車隊發起的組織，更重要的是司機的屬性特殊，許多司機大哥大姊多是獨居者，靠一輛車養活自己，過著只求三餐溫飽的簡單生活。

他們之中，有些人因為生意失敗，不願再跟親友聯繫，甚至斷了所有的連結；有些人因為過去的經歷，導致妻離子散，如今孑然一身；有些人則是喜歡獨處……

當他們加入車隊這個大團體時，小隊長的任務之一，就是辨識出哪些人是獨行俠，以關懷為初衷，保持彼此都感覺舒服的溝通距離，維繫情感。然而，當他們遇到突發的病痛或意外時，不見得會向小隊長求援，有些人甚至會有「反正就一個人，不如一走了之」的念頭。

入車隊不久就擔任小隊長的永漢大哥，十分了解這份工作使命之深，進而接下暖心會會長的職責，在幹部和司機間扮演中間人的角色，「我想幫助那些不被重視的人。」永漢大哥說。

他口中的「不被重視」，指的是彷彿被世界遺棄的司機們，但在暖心會工作人員眼中，他們不只受到重視，更是值得細心呵護的家人。

身為本書作者的小辣椒和我，跟著會長永漢大哥，坐上了關懷組幹部「大肥魚」的車，一同前往探視兄弟姊妹。

孤獨的最高等級

我們先到三重探訪因罹患舌癌三期，剛出院不久的柯大哥。臉上仍帶著倦容的他，描述著開刀後醫生播放手術影片給他看時的感受，「我這是經過三科醫生會診，牙科、整形外科、耳鼻喉科，開了十四個小時的刀，從嘴巴下面中間開一刀，往兩邊剝開嘴巴……割大腿肉來填嘴巴的肉；我現在都沒辦法吞口水了，這邊沒知覺。」他指著嘴巴說，我不禁吞了一下口水，想都沒想過，這樣簡單吞嚥的動作會變成一件難以達成的事。

「我被舌頭的問題困擾十年了，常常很痛，然後越來越腫，越來越白，但我都不管它，也沒去看醫生。」他緩緩地說，眼眶漸漸紅了，「因為這次新冠肺炎，政府有那個紓困貸款，我去申請下來，十萬塊拿去開刀、住院，就用到只剩四、五千了。」他趕緊擦去奪眶而出的眼淚，稍待片刻後說：「房東要漲房租，我打算再過幾天就去跑車。」

「你先休息，等身體好一點再出門，不要急。」永漢大哥擔心地對他說，傳遞支持的心意，柯大哥卻反過來要他不用擔心：「反正我現在也用不到兩房一廳，我想年底找間套房搬過去。」

柯大哥年輕時到大陸工作，雖有小賺一筆，但後來因轉投資失利賠光，所以回台灣開計程車。在大陸成家的他，這些年來妻兒都在大陸，老婆不曾聯繫過他，「女兒有時候會打來，要我匯錢過去。」他將開車賺到的錢匯到大陸，自己留些支付房租和生活開銷。

柯大哥自己一個人生活，唯一的連繫是住附近的國中同學，但同學一開始也不知道他住院的事。「我是一個人去醫院動手術的。」這句話讓我想起網路流傳的「國際孤獨等級表」，「一個人去動手術」是最孤獨的第十級。

「這社會要靠誰？靠自己啦！」他說，眼中閃過一絲絕望，「那時手術出來，真的不想活了，痛得要命，不能說話、不能走路，也沒人理。」無奈、絕望地躺在病床上的他，看著人來人往，他就一個人，只有護理師和醫師會和他說上幾句話。

多虧同學機警，看到他幾天不在家，覺得奇怪而打電話給他，知道他開刀，趕緊到醫院照顧他；之後，他因住院無聊在臉書上貼文，才被車隊幹部發現，到醫院去看他。

原本就有糖尿病的柯大哥，現在三餐只能吃流質食物，他一邊指著大肥魚剛剛扛上來的一箱糖尿病專用管灌食物，一邊說：「幸好有永漢和大肥魚送我這些，這一箱真的很貴。」他一天就要喝三罐，這一箱維持一週。我很難想像，如果沒有暖心會的夥伴噓寒問暖、提供需要的支援，這樣的難關一個人怎麼挺得住。

五十幾歲的柯大哥，年紀不到規定，無法申請長照或老人補助，也不符合低收入戶標準，介於所有補助標準的邊緣，只能一個人努力生存下去。當我們起身離開時，眼眶已紅了數次的小辣椒緊握著他的手說：「大哥，你要加油！保重！」他一直點頭，聲聲感謝。

「我們能幫多少，算多少。」一出門永漢大哥就這麼說。

企盼的是女兒的陪伴

下一站，是台北市大同區的老街區。只容一輛機車通行的巷弄中，位於一樓的舊式長型住宅，泛黃的木板隔出了簡易的兩房，邱大哥一看到小辣椒和我們來訪，連聲說：「拍謝！我遮歹所在，副董你擱親身來看我。」眼淚隨之滴落。

我們安撫著他，拿起桌上好幾大包的藥問：「欲甲遮濟藥仔喔？」他說因為曾經中風，心臟也開過刀，所以藥就越來越多。今年二月時他常常站不穩、無預警地跌倒，有次還在跟朋友聊天時突然直接摔倒在地，就醫發現是髖關節出狀況，於是安排開刀、換上人工髖關節，「醫生說要盡量躺著，我現在只能側躺，還要雙腿夾著枕頭。」他拿著開刀後睡覺沙發上的抱枕說。

大肥魚拿出暖心會準備的四腳拐杖，幫他依照身高調整高度；如果復健順利，下一個階段就可以慢慢走路了。「我想說七月中就要去開車，但醫生說要等八月底，肉長出來了才可以。」永漢大哥接著說：「你的車在我這裡，你要開我也不同意，你先休息啦。」他聽了，不好意思地笑了，大肥魚說：「邱大哥他之前都沒在休息的。」身為單親爸爸的他，為了扶養女兒，常常沒日沒夜地開車，導致身體出了狀況。

大肥魚帶我們走進屋子後方，只見從客廳一路延伸到廚房的長長走道上，都裝著剛架好的扶手，「大哥之前走到廁所都會跌倒，所以社會局來幫他裝了這個扶手。」社會局不僅安排長照人員定時協助就醫、送餐及打掃，也在屋內的幾個重點處安裝了緊急求助鈴，加上他符合低收入戶資格，每月有政府的一點補助金；對比柯大哥，已經六十四歲、符合年長者資格的邱大哥讓我們多了一點安心。

社會局來裝扶手、請房東簽同意書後，隔天房東就對他說：「這間房子可能我自己兄弟要搬來住，你要再去找房子喔！」住在這裡這麼多年，房東從來沒說過這樣的話；以他開車多年的識人經驗，他知道房東別有所指，「她可能看我年紀大了，這次開刀後又都在家休息，沒有出去工作，但我都還是按時繳房租喔！」

「這地方從我女兒兩歲多就開始住，她現在二十七歲。」他以女兒的年紀來計算時間，屋子裡的滿滿回憶是相依為命的父女一起創造的，而現在只剩他一個人。

永漢大哥私下跟我說，因為他跟女兒有些誤會，所以女兒這幾年幾乎都不回家了。邱大哥的說法是：「她現在住桃園，比較少來。」說得平淡，眼神還是透露出對寶貝女兒的想念，不難想像邱大哥正身受病痛所苦，想念恐是加倍。

樂善好施的隱士

午餐後，繼續驅車前往外雙溪故宮附近。一處依山而建的三合院裡，混雜著各式矮小鐵皮屋，林大哥正跟幾位鄰居在中間的小廣場聊天，他領著我們走進鐵皮屋的分租雅房，十坪大的房間內，陳設簡單、乾淨、明亮，所有物品都是單個，只有椅子是複數；茶几下、矮櫃內的物品收納整齊，每個角落都一塵不染。

書桌上別無他物，僅有一盆尚未開花的建蘭，紫色蝴蝶蘭就掛在窗外，遠方的山滿是綠意。雖是炎熱的夏天，屋內不需開冷氣就能感到蔭涼。

林大哥像一位隱士，在山裡過著自己的日子。

「他是口腔癌四期。」到林大哥家前，永漢大哥在車上說：「他罹癌前還捐款十幾萬元給四家公益團體，之後沒多久就生病了，他自己也沒想到，可能想說一個人留錢幹嘛吧。」

半白平頭的林大哥，膚色微黑，身形精實略顯瘦削，但精神奕奕；若不是臉上的幾絲皺紋和些微疲憊的神情，很難想像他正處於罹癌四期的階段。

談起前不久到醫院接受電療的狀況，他指著嘴上的傷口說：「這種痛會痛到抽筋，往這裡電一下，咻一下，連頭都會痛，要用冰袋一直敷著才行。之前回診跟醫生說很痛，那醫生就拿手電筒照一照，然後說沒事，只開藥給我吃。」

後來因為真的太痛了，透過介紹轉到耳鼻喉科主任的診，主任看到他的病歷，驚訝地說：「你都電療三個多月了，居然沒幫你安排看耳鼻喉科，看你這個傷口，怎麼會拖到這樣？」

「我這都白痛的！」他生氣地說。

「痛沒關係，但一直不會好，我都已經手術三次了，下週四又要手術，這次是局部麻醉，因為右邊這裡有條大動脈，要避開，如果動到，血是會直接噴出來的。」他一邊指著動脈的位置，一邊說：「所以欲冤家相打，這邊毋湯打。」一句小小的玩笑話，馬上讓大家轉憂為笑。

永漢大哥跟他確認手術的時間，他回：「恁毋免來喔！我家己推入去呼人刣。」聽著他的玩笑話，大夥再次笑出聲，他像是去吃個飯一樣無懼，這種樂觀的態度令人折服。

年少時期的林大哥是個「衝動派」，也鍛鍊出很高的耐痛度；這麼看來，他剛剛說的痛，對一般人來說應該是痛到極致了吧！他說自己剛開始開車時，不敢經過台北市中山區一帶，怕被以前帶過的小弟認出來，「我來車隊真的改很多，脾氣都沒了，還戒了菸跟檳榔。」

雖然口腔癌有可能因為遺傳而患病，但吃檳榔絕對是加重誘發的因子，「檳榔有影麥甲！」他雖然後來戒了檳榔，但早年留下的不良影響恐已無法逆轉。

「我原本是欲放棄啊！」剛發現罹癌時，他其實是不想治療的，但醫生和朋友都勸他別放棄，並介紹他到一間專門醫治口腔癌的私人診所，「我一看，毋敢入去，那兩棟架大間豪宅。」猶豫了很久終於鼓起勇氣去看診。醫生大致說明他的病況，「我歸世人沒拄著架好的醫生。」醫生推測他的經濟狀況，恐怕負擔不了私人診所的龐大醫藥費，不僅當次看診沒有收費，還包了一個紅包給他，並且親自寫了一封推薦信，要他到公立醫院找耳鼻喉科的主任看診。

因為推薦信以英文書寫，他不清楚上面寫了什麼，當他到公立醫院時，主任一拿到信，「他驚著，親像麥立正站好共款。」私人診所的醫生是口腔醫學界權威、許多醫生尊敬的前輩，林大哥也因為這封推薦信重燃生機，放心地接受治療。

「我九個月沒開車了。」他說，馬上談起剛買三年的車，眉飛色舞地聊著車子的性能多麼好，開起來如何順暢舒適等等，但還在繳車貸的隱隱焦慮也隨之浮現。他說：「等這次手術結束後就要回去開車。」永漢大哥要他先別想這些，等手術後再說。

小屋裡的時間仿若靜止，我們從陰天聊到下完一場午後雷陣雨，雨勢漸小欲離開前，小辣椒對他說：「大哥，你要堅持下去，好好休息，保重身體。」開朗的硬漢表情瞬間柔軟下來，輕聲道謝後領著我們走出門；即使還下著小雨，他仍堅持陪到車旁，看著我們逐漸駛離。

上了車，剛剛拍打在鐵皮屋上的一陣瘋狂雨聲仍縈繞在耳邊，想起自己過去住在頂樓加蓋的鐵皮屋，明知外面風狂雨大，卻有一種慶幸自己窩在屋內的幸福感受，正因為了然於心，所以能以更開闊正面的想法面對未來。

相依為命的小黃

接連三場的探訪，大哥們都表達同樣的想法——想盡快回去開車。開計程車是他們賴以為生的職業、經濟的來源，更是生活中最重要的事，而「小黃」已成為他們彼此依靠的最佳伴侶。

這幾位司機大哥暫時中斷了與「最佳伴侶」的相伴，但暖心會注入關懷的暖流，希望代替小黃，成為他們這段時期的最佳夥伴。

「很多人覺得計程車司機愛喝酒、賭博，或許極有小部分，但大多數並非如此，我不希望社會大眾對司機有這樣的刻板印象。」永漢大哥表示，來開計程車的原因其實很多，有的人根本不缺錢，只把開車當興趣；有的可能是生意失敗，「之前有一位國中老師因為投資失利欠債，所以來開車，那時他天天到公司洗澡。」

永漢大哥談起一位蘇大哥，因為老婆有狀況無法就業，所以一個人跑車賺錢養一家九口。雖然住在政府補助的公宅中，但整個家幾乎空無一物，只有一張小矮桌，直接放在地上的床墊與薄被，就是孩子們翻滾玩耍的地方。七個孩子裡最大的國中二年級，一家人的生活、孩子的教育都令人擔憂。

暖心會集合各界捐贈的物資，讓孩子們終於有了床，可以在床上蓋著毛毯安穩入眠，也為客廳和廚房增添基本家具和小家電，「我有機會做，就去做。我很關心他們，至少要讓他們在面對困境的這段時間，能夠感覺得到溫暖。」永漢大哥語重心長地說。

大肥魚提到自己加入暖心會後的改變，「一開始開車很有熱情，久了就會因為客人或是同事的問題煩心，到後來多半會變得冷漠。但加入暖心會改變了我的人生觀，尤其看過那麼多苦難後，自己遇到事情很快可以放下，心境上變得快樂許多。」

我問他花了這麼多時間在暖心會上，會不會擔心開車收入減少？他說其實收入不會減少，反而因為心情愉悅，接客十分順利，「我覺得在暖心會學到的更多，獲得的更多，而且做這些事，對我的孩子來說也是一種無形的教育。」

暖心會已經幫助了許多計程車司機走出難關、重回生活軌道，目前正在協助的約十多名，迫切需要更多的關懷與協助。

看到暖心會的夥伴奉獻自己的時間，無私地幫助著有需要的司機，讓我們更加確定出版這本書的初衷和使命，希冀以捐出全額版稅的方式，幫助獨居重病的計程車司機和需急難救助的司機家庭，協助更多還被遺忘在角落中的司機，讓他們知道自己並不孤單，隨時都有人會挺身而出，陪伴他們走過人生中的難關。

〈後記〉
永遠有人會在背後接住你

詹云茜

決定寫這本書前，我是台灣大車隊裡一個小小主管，而本書另一位作者李瓊淑小姐是公司的總經理，後來升任副董事長；對我而言，她既是見面次數屈指可數的老闆，也是眾人又敬又畏的小辣椒。

萬萬沒想到的是，因公司策略調整，我的單位成為她升任副董後的第一項任務，於是我的離職面談居然是由認識不久的副董親自上場。

「你接下來要做什麼？」在最後一次我鐵了心說要離開時，她也決定放手，放下老闆的嚴肅表情，像個朋友般問我。

「我想休息一下，寫些東西。」一聽到這句話，她的眼神突然亮了起來！

「你會寫東西？你喜歡寫作嗎？那你要不要跟我合作寫書？」她情緒亢奮時的招牌連珠炮瞬間響起，就像發現新大陸般地興奮激動。「我一直很想寫一本關於計程車司機的書。」接下來，她對我說起構思多年的內容，包括司機們如何認真打拚，甚至是努力求生存，還有樂活社一直持續舉辦的特教生活動，以及剛起步的暖心會正怎麼幫助處境困苦的司機們……。一反工作時的強勢，她女性溫柔感性的一面表露無遺。

決定共同寫書後，我開始和她一起出差採訪，因為她喜歡開車，我們驅車前往外縣市採訪時，常常一趟車程就超過之前在公司三年的談話量。

一開始我心中還會擔心，等公事聊完後，尷尬的時間該如何化解，沒想到，我們的話題怎麼也聊不完。她不僅沒有老闆或長輩的姿態，甚至連感情事都跟我聊。我們常常聊到錯過導航指引的路線，然後不斷在各快速道路上「意外兜風」；也常在回程時總是回不了家地鬼打牆，只能趕緊停止一切話題，好好照著指示走，才能順利返家。

她說自己的性格有多重面向，我真真實實感受得到。在公司，她是剽悍強勢的老闆；私底下，她是大喇喇、百無禁忌的朋友；在廚房，她是有著辦桌好手藝、家常料理芋頭粥都能讓人驚豔的大廚；在家裡，她是又擔心、又驕傲兒子女兒的媽媽；而在採訪時，她是個只要聽到感動故事，眼淚就忍不住落下的溫柔女性。

起心動念的出發點

計程車司機這個職業，過去坊間總說是「男人的最後一份職業」，在三十年前的傳統觀念裡，更是最底層的行業。當找不到工作時，家中長輩會鼓勵去工地做粗工或當清潔員，也不希望你成為一位計程車司機。為什麼？因為擔心加入之後會「被帶壞」。

過去的計程車產業沒有像樣的管理制度，連服務品質的標準都說不清楚，大眾對司機的印象普遍不佳：穿短褲、拖鞋，邊開車邊抽菸、亂吐檳榔汁，出口成髒，危險駕駛……，隨便一個舉例，可能都會引起許多人的一番經驗談。

「那個年代，不管你車子新舊好壞，不管你嚼檳榔還是滿口『三字經』，只要開車上路，就有生意。」因為投入這個職業的人少，許多資深司機提起當年計程車的「好賺時期」仍津津樂道。

一九八〇年代，十大建設完成，解除戒嚴、解除報禁，外匯存底突破五百億美元、股市衝上萬點、全民簽賭大家樂……，社會正處於政治剛獲得解放、經濟高速成長、錢來得快也去得快的氛圍中。

我的老爸當時也是位計程車司機，雖然後來不開了，但他對於約定時間的慎重在乎，只要說明一個大概地點，不論多難開的路、多難停的車位、多麼趕的時間，他總是不需多問就能抵達。尤其每當我出差趕時間，他安穩的開車技巧不僅讓我在車上補妝，還提早到車站，有充裕時間買餐點，這些計程車司機必備的專業技能，在他身上處處可見。

他開車的時期是我七歲前的事，當年的記憶少之又少，既是年幼，也可能刻意「被遺忘」，因為這段往事在家裡是「不可說」。當我第一次跟他提要到車隊上班時，他表情閃過一絲訝異，強壓鎮定地問我：「做計程車業，好嗎？」

這也是我投入這本書的另一個出發點。我想找回兒時的記憶，也想了解隱藏在老爸心裡的祕密，更重要的是，我想讓我的老爸、家人和社會大眾認識我所知道的計程車從業人員，尤其是早已跳脫刻板印象的小黃司機。

打開潘朵拉的盒子

老爸說起他開車的緣起，「我當兵時在通信連，入伍沒多久就被送到駕訓班去考大貨車職業駕照，要學開車、拉電線。」退伍後做了幾份工作，才發現原來大貨車職業駕照可以直接申請計程車執照，於是轉行當起小黃司機，「那時候的計程車業龍蛇雜處，通常都是最落魄的才會去開計程車。」早期的小黃年代，別說沒有一家車隊，連司機常用的無線電也還未見。

「我都是跑夜班，一天可以跑兩、三千元以上，因為有加成，賺得更多。」當時計程車司機的收入，比一般上班族的月薪高上許多，為了養家，他一開將近十年。

「後來為什麼沒開了呢？」聽到這個問題，他的表情逐漸凝重，淡淡回了「一言難盡」，要他回想不願再提的塵封往事似乎有些殘忍，但他接著說：「大家樂害的。」說出這句話時，我彷彿看到他深深地吐了一口氣。

在那個「台灣錢淹腳目」的年代，社會上掀起了一股全民瘋迷大家樂簽賭的熱潮，據非正式預估，當時全台組頭每年可吸收一百多億的熱錢，而「以小博大，一夕致富」也成為許多人的夢。

「為了求明牌，我幾乎各大宮廟都跑遍，墳墓也去了。」當時司機們常聚集在計程車服務站候客，手頭一有錢就相約跑廟求明牌簽賭，爸爸因為孩子陸續出生，想博一點奶粉錢，不料迷失在大家樂的虛幻夢境中。

「車被拖走就醒了。」他輸到連賴以為生的計程車都沒了，才驚覺一切是多麼荒謬，於是攜家帶眷離開熟悉的地方，重新來過，「這裡的人，都不知道我過去的這一段。」

老爸娓娓道出深藏三十年的祕密，看得出來他心頭仍有許多糾結。我寫下想對老爸說的話：「對我來說，那段往事只有滿滿的、想讓一家人過得更好、想努力保護我們的愛。」

老爸的故事不是司機中的唯一，那曾是計程車界的寫照。他清醒後，從學徒開始打拚，到成為水電裝修的資深老師傅，他腳踏實地、不菸不酒不吃檳榔，也以同等標準要求自己的學徒們，「不能喝酒、不吃檳榔是基本，戒菸比較難，但我還是要他們少抽。」從事水電工程的老爸總穿著有領的 POLO 衫和牛仔長褲，「服裝儀容是對別人的尊重，也是對自己的尊重。」儘管他工作結束回家時已髒汙滿身，隔天仍又打理得乾乾淨淨才出門。

閒暇時的他多在閱讀，對教育相當重視，因為他曾看過太多走偏的司機，經營工程行時也遇過許多不懂尊重的學徒們，「教育很重要，學校的設備好，學生有好的環境學習，自然會有好的表現。」他從小對我們耳提面命要尊師重道，他幾乎只承接學校的工程，學校校長、主任相當倚重他的專業，因此受聘在四間學校擔任專業顧問，至今超過二十年。

我在車隊任職的那幾年，他慢慢從我口中了解現在的計程車產業、科技化系統和轉型發展的周邊產業等，但有關司機生態及形象的大不同，卻無法靠我簡單口述，就能轉變他的記憶。

趁著這次寫書的機會，我請老爸幫忙翻譯採訪錄音中一些不常聽到的台灣俚語、地方俗話，和我已不太熟練的客家話，並藉機聊聊司機們的故事，讓他跟我一起認識他們，了解「現代」的計程車司機。一如我記錄下這些故事，期望大眾了解的初衷。

無形的推進力量

過去我從事的工作內容，和司機個人的接觸並不深入，但這種有點連結又不太有連結的關係，讓我可以站在一個稍微客觀的角度。經過半年多來的採訪，我發現自己不僅深受鼓舞，更喜歡上他們的真性情。

「現代」的計程車司機，多數是愛好自由者，開計程車不用打卡上下班，沒有部門或同事間的爾虞我詐，不必聽從老闆命令，自己就是這輛車的主宰，賺多賺少，取決於司機的自我要求。

「你認為身為一位計程車司機，什麼是最重要的？」最常聽到的答案是「自律」。資深司機皆知，在極度自由之下，「能否維持自律」是計程車司機這個職業的長久經營之道不只賺錢要靠自律，如果個人不夠自律而出現不良的行為習慣，就會一傳十、十傳百地壞了一鍋粥，輕易摧毀這個產業。

李穆彥就是高度自律的代表。採訪前我從沒有捐血的經驗，對於「捐血達人」的稱號也無特殊感受，不過當我跟他一起走訪捐血中心，才知道捐血不是那麼簡單的一件事，必須隨時將自己的身體健康維持在最佳狀態，才能不被「退貨」。

他說：「我捐血是苦行僧般的自律。」為了捐血，他以戒酒、戒菸、少吃油炸、早睡早起來維持身體狀態。因為擔心捐出去的血品質不好，每次捐血前他都會刻意少吃或不吃以確保品質；出國前也會先了解當地是不是疫區，如果是就不前往，堅持無比自律的生活狀態。

他自謙這是「因為一年只能捐二十四次，為了捐血排名絕不能有任何閃失」，但背後四十多年如一日的決心，實非常人所能及，也是我在採訪過程中的第一場震撼教育。

接著是幾位身有殘疾、以無比堅強的毅力活出新人生的大哥，像是程健智大哥，「玻璃娃娃」的他骨折三十多次，進出醫院早就習以為常，更以一百二十三公分的嬌小身型開著一輛兩百公分高的無障礙計程車，無畏無懼。年紀已經超過玻璃娃娃平均壽命二十多年的他說：「我現在每天醒來都是賺到一天，就開心地起床過日子，有什麼不好？」別說在他身上看不到一絲的怨天尤人，他的開朗樂觀更在採訪時讓我們不時笑開懷。

因意外導致半身不遂的鄭木長，以精壯的雙手掌握方向盤，重拾自己的一片天。也令我難忘的是，甫結婚就遭逢巨變的鄭大嫂，不離不棄陪著他度過最煎熬的日子，鄭大嫂崇拜看著他開車的樣子，夫妻之情深刻動人。

自小在育幼院長大，七歲時因好奇而失去一隻手臂的顧豪傑，是令我相當佩服的生命勇士。他孤身一人，從小遭到霸凌，也曾想過一走了之，但在車隊中遇到將助人視為理所當然的一群司機，翻轉了他對社會和人生的看法。

面對我們，他第一次敞開心扉揭露和爸爸之間的連結。原來顧爸爸也是車隊的司機，當年許多司機朋友曾伸出援手，在爸爸過世後，他們特地找到顧豪傑，給他溫暖的關懷。多年後，他也在車隊展開尋找當年那幾位司機的感恩行動。

從這些感動人心的故事中，我越來越明白這本書的力量，那是一種無形的推力，驅動著每個人將感恩、珍惜與愛，一一傳遞下去。

活出自己想要的人生

在司機這個身分之外，他們之中許多人活出另一份精彩。有辛苦逐夢、愛戲成癡的演員林景立；有深愛並鑽研日本文化三十多年，擔任車隊日文老師的陳威森；有將尺八樂器視為生活一部分，將興趣玩到達人境界的張江谷；還有全台走透瘋集章，充滿感性浪漫因子的林仁政，個個都讓我嘖嘖稱奇，驚呼連連。

還有康世能，他那高潮迭起的人生故事，簡直讓聽者宛如坐了一趟生命的雲霄飛車。

從年輕時月營業額六百萬的大老闆，到加完油後口袋近空的計程車司機，再到雜誌專訪他以經營管理角度，將七十元變七千元的魔法運將，他有規劃、一步步地達到心中的目標，包括如今退休回鄉、圓了開農場的夢。

趙明禮和孫仲良這對夫妻司機檔，更是讓我驚豔。已屆花甲之年的兩人，跳起國標舞中最耗體力的拉丁舞時，舉手投足之間的延伸、柔軟、力道及甩動感，加上兩人的絕佳默契，每一支舞都讓我目不轉睛。

他們之間的情感也像跳探戈，一個進，一個就退，達成完美平衡。興趣多元的趙明禮還說：「我退休後要去當街頭藝人。」一顆永保年輕、充滿衝勁的心，讓我欽佩不已。

還有一群無私奉獻的司機，投入寶貴時間，幫助不相識的陌生人……

沈武周視救難為日常，在無數關鍵的黃金七十二小時中全力救援，曾經一次挽救上百人的性命，還不顧一切地「花錢做義工」。劉獻文號召多位司機志工，每週固定為遠地就醫、住在麥當勞叔叔之家的病童家庭，運送需要的物資，一路堅持六年。吳友翔帶領樂活社，專為特殊教育學生安排走出戶外活動，每年協調上百輛車、上百位司機，無酬到家接送每位特教生參與活動，全程關心照顧孩子，讓家長有片刻喘息的機會。

跟著李永漢去探視暖心會關懷的司機——獨居、弱勢或陷入急難迫切需要救助者，讓我受到極大的衝擊。他們長久以來都獨自生活，因病魔纏身而擊垮了原先立足之本，看似堅強的外表下無不有著我不忍深探的內心。暖心會的夥伴讓這些夾在政府各項補助邊緣、被社會遺忘的人，有了希望，陪伴他們度過人生的難關。

還有楊雲洲，一個人在新竹寶山的偏鄉中，守護著許多獨居的長輩，他每天下班後就穿梭在山林間，問候、陪伴長輩，剪指甲、換尿布、幫忙洗澡，自己省吃儉用，對長輩則是毫不吝惜地付出，免費接送、買藥、看醫生，就像對待自己的家人一般。

如今他加入華山基金會當志工，更擴大了服務的範圍。採訪當天，他和寶山站的黃站長聽到我們要購買義賣的艾草皂時，兩人開心地不顧傾盆大雨，立刻到車上拿給我們。他們在雨中展露的笑容，就像兩個純真又幸福的孩子。

還記得，採訪隔天我和朋友相約，想起他們在山上努力存下每一分錢，為了提供老人家生活必需品，而我卻在餐廳裡為了一頓飯，花著好幾份艾草皂的錢，忍不住在席間分享了他們的故事。儘管氣氛有些走調，但朋友立刻響應捐款，令我感動萬分。

這也更讓我明白這本書的使命：盡力做我能做的，讓更多人知道這些故事。哪怕只有一個人受感動，都是一份鼓舞的力量。

永遠會有人在背後接住你

在採訪過程中，感動的片段多到數不清，副董常常聽著聽著就掉下淚來。我很容易因為一句傷感話，或三十秒感人的廣告瞬間就哭，但在這些採訪任務中，我努力保持冷靜、專業，難免還是紅了眼眶，卻忍住無數次的落淚。

唯獨一次的大破功，是採訪愛子因車禍而腦死的劉大哥，聽他敘述器官捐贈的過程。我永遠也忘不了他未開口就止不住的淚水，尤其當他說起艱難的決定：「這種事情，尤其是自己的兒子……，我不能做但又非做不可，這是一件非常痛苦的事，那種愧疚感，我自己承擔就好。」不單單是一個爸爸的愛，更是一肩扛起所有壓力的責任感。

這本書結集了二十三位計程車司機的故事，儘管不到全台司機的千分之〇・二五，無法代表所有的從業人員，但是，他們確實展現了充滿韌性的共通特質，辛苦跑車的背後，一肩扛起責任，只為了給家庭，或是給心中最重視的那個人最多的愛。

讀著這本書的你，可能也肩負著許多責任或壓力，希望這本書能陪伴你走一段路，闔上書後，有滿滿的能量繼續前進。如果有時候累了，不妨再翻翻這本書，讓它靜靜地、默默地支持你，讓你知道永遠都有人在背後接住你。

詹云茜給讀者的話

用力生活每一天，享受每一個當下。

國家圖書館出版品預行編目資料

計程人生：23段用愛跳表的旅程 / 李瓊淑，詹云茜作. -- 初版. -- 臺北市：商周, 城邦文化出版：家庭傳媒城邦分公司發行, 2020.10
面；　　公分

ISBN　978-986-477-925-3（平裝）

1. 計程車業　2. 臺灣傳記

783.32　　　　109014496

計程人生：23段用愛跳表的旅程

作　　者／李瓊淑、詹云茜
責任編輯／程鳳儀、余筱嵐

版　　權／黃淑敏、翁靜如
行銷業務／林秀津、王瑜
總 編 輯／程鳳儀
總 經 理／彭之琬
事業群總經理／黃淑貞
發 行 人／何飛鵬

法律顧問／元禾法律事務所 王子文律師
出　　版／商周出版
台北市中山區民生東路二段141號4樓
電話：(02) 2500-7008 傳真：(02) 2500-7759
E-mail：bwp.service@cite.com.tw
Blog：http://bwp25007008.pixnet.net/blog
發　　行／英屬蓋曼群島商家庭傳媒股份有限公司城邦分公司
台北市中山區民生東路二段141號2樓
書虫客服服務專線：(02)2500-7718・(02)2500-7719
24小時傳真服務：(02)2500-1990・(02)2500-1991
服務時間：週一至週五09:30-12:00・13:30-17:00
郵撥帳號：19863813　　戶名：書虫股份有限公司
讀者服務信箱E-mail：service@readingclub.com.tw
歡迎光臨城邦讀書花園　　網址：www.cite.com.tw
香港發行所／城邦（香港）出版集團有限公司
香港灣仔駱克道193號東超商業中心1樓
Email：hkcite@biznetvigator.com
電話：(852)2508-6231　　傳真：(852)2578-9337
馬新發行所／城邦(馬新)出版集團 【Cite (M) Sdn. Bhd.】
41, Jalan Radin Anum, Bandar Baru Sri Petaling,
57000 Kuala Lumpur, Malaysia
電話：(603)90578822　　傳真：(603)90576622
Email：cite@cite.com.my

封面設計／徐璽工作室
電腦排版／唯翔工作室
印　　刷／韋懋印刷事業有限公司
總 經 銷／聯合發行股份有限公司　電話：(02)2917-8022　傳真：(02)2911-0053
地址：新北市231新店區寶橋路235巷6弄6號2樓

■ 2020年10月13日初版　　Printed in Taiwan

定價／380元

ISBN　978-986-477-925-3